El TRABAJO de tu VIDA

8 CASOS DE ÉXITO DE EMPRENDIMIENTO SOCIAL

IGNACIO ÁLVAREZ DE MON

KOLIMA
BOOKS

Título original: *El trabajo de tu vida, 8 casos de éxito de emprendimiento social*

Primera edición: Marzo 2020
© 2020 Editorial Kolima, Madrid
www.editorialkolima.com

Autor: Ignacio Álvarez de Mon
Dirección editorial: Marta Prieto Asirón
Maquetación de cubierta: Sergio Santos Palmero
Maquetación: Carolina Hernández Alarcón

ISBN: 978-84-18263-04-0

INDICE

PROLOGO

Naciones Unidas aprobó en 2015 los «17 Objetivos de Desarrollo Sostenible» que debemos cumplir en 2030, si queremos mejorar la vida de todos y evitar que el planeta desaparezca. Estos objetivos abordan retos tan acuciantes como la reducción de las desigualdades, el fin de la pobreza, la producción y el consumo responsable o la acción por el clima. Todos podemos y debemos contribuir a su consecución, pero para conseguirlo es esencial que cambiemos nuestra forma de ser, hacer y trabajar.

Este libro pretende ser un espacio donde conocer nuevos referentes, personas que han conseguido lo que muchos hemos deseado durante años: aunar su misión personal con su actividad profesional. Los personajes de este libro son un instrumento para conseguir un propósito, y además tienen la capacidad de trascender y dejar un legado. Es imprescindible que contemos con estos referentes. No se puede realizar aquello que no se imagina, aquello que no se conoce. Necesitamos más ejemplos como ellos si queremos abordar los grandes retos del futuro y aliviar los grandes problemas de la sociedad.

Como bien dice Ignacio Álvarez de Mon más adelante: «Las personas somos historias, narrativas basadas en acciones que ejecutamos cotidianamente. Actuamos en función de cómo somos y somos según cómo actuamos». En este libro se analizan ocho historias de emprendimiento social donde se ve claramente que los proyectos están íntimamente ligados a las personas y las personas a sus proyectos. No puede ser de otra manera cuando eres emprendedor. He tenido el placer de ser uno de los entrevistados por Ignacio, y además de ponerle en contacto con varios emprendedores que han decidido aportar su testimonio y que hemos apoyado desde la fundación UnLtd Spain. En este libro encontrarás sus historias de empresa y de vida.

Cuando Ignacio y yo coincidimos hace ya un tiempo, nos dimos cuenta de que veíamos el mundo de la misma manera. Algo estamos haciendo mal en nuestra sociedad cuando el trabajo es una fuente de estrés, ansiedad y depresión para muchos de nosotros; cuando estamos arrasando nuestro planeta; cuando solo trabajamos para alimentar nuestras bocas y no para alimentar el alma. Sé de lo que hablo porque me pasó a mí. Desde muy joven comencé a crear empresas y, aunque desde fuera podía parecer una persona de éxito, por dentro no me sentía realizado. No fue hasta que hice un viaje a Nepal que entendí que mi vida y mi trabajo tenían que efectuar un viaje mucho más profundo. Fue en ese momento en el que vi la necesidad de trascender, la necesidad de tener un propósito.

¿Qué significa propósito? Según la RAE, propósito tiene tres acepciones: «Ánimo o intención de hacer o de no hacer algo», «objetivo que se pretende conseguir», «asunto, materia de que se trata». En realidad el «propósito» transita por el ámbito del pragmatismo; no parece que nos explique la razón última de una acción que parte desde lo más profundo del corazón. Por eso creo que es más adecuado hablar de «intención». Intención es un término que permite denominar a la determinación de la voluntad hacia un fin. La voluntad también está relacionada con el poder de elegir de la conciencia, el sentimiento y la acción. Algo elegido por propia voluntad no es obligado por un impulso externo sino que nace desde el alma, desde la necesidad de transcenderse a uno mismo.

Para mí la intención determina todo en la vida y la mía es la de servir a los demás a través de mi propia experiencia de vida, que en mi caso ha estado muy ligada al trabajo y la empresa. Encontrar cada mañana la motivación del «¿por qué?» o «¿para qué?» voy a trabajar es un ejercicio que todos deberíamos hacer, donde se manifiesta nuestro compromiso y el de nuestros actos con nuestros semejantes y con nuestro entorno. El propósito es lo que me llevó a crear UnLtd Spain, una fundación que apoya a emprendedores sociales como los que conoceréis a continuación. Una organización que pretende ser una tribu, una comunidad y, en definitiva, un ecosistema donde apoyar los nuevos proyectos de impacto social y medioambiental.

Todos deberíamos encontrar el sentido de nuestras vidas, buscar la «alta intención» en nuestros actos, y desde ahí transcender. ¿Y tú? ¿Cuál quieres que sea tu legado personal?

Manuel Lencero, CEO y cofundador de UnLtd Spain

INTRODUCCION

La elaboración de este libro conecta con la necesidad de dar respuesta a preguntas que aún hoy están por resolver. ¿Cuál debe ser la relación de la empresa con el planeta? ¿Cuál debe ser su relación con el ser humano? ¿Cómo hacer compatibles el desarrollo económico, social y personal en un ámbito mágico y privilegiado del desempeño humano como es la empresa? Las nuevas generaciones se cuestionan aspectos fundamentales y fundacionales en torno al acto de emprender: ¿dónde reside el éxito de un empresario?, ¿qué debería perseguir la empresa en el desarrollo de sus actividades?, ¿es el éxito económico lo más importante?, ¿hay principios y valores fundamentales, más basados en el ser que en el tener, a los que empresas y empresarios deberían someter sus decisiones económicas?

A nivel personal, cuando uno se cuestiona para qué va a trabajar cada mañana y no es capaz de encontrar una respuesta satisfactoria, puede acabar transitando el camino de la ansiedad y la frustración. Cuando uno se interroga acerca de su posible legado, en qué transciende su trabajo, cuál es su propósito y el de su empresa, no siempre llega a la mejor conclusión. Tener éxito solo a través del dinero nos puede convertir en seres vacíos, egoístas y egocéntricos, llenos de miedo y de espaldas a la realidad de un mundo que pide soluciones alternativas a los retos sociales y medioambientales que nos amenazan.

No podemos seguir poniendo en peligro la integridad de nuestra especie como consecuencia del maltrato sistemático del medioambiente. Debemos cuestionarnos cuál va a ser nuestra herencia para las generaciones futuras en términos de preservación y regeneración de nuestro entorno. Hacen falta empresarios con un propósito honesto, transformador, humano; nuevos líderes que planteen modelos alternativos de empresa. Líderes libres de los viejos modelos de pensamiento y con la determinación de poner en práctica nuevos enfoques empresariales que apelen a aspectos elevados y diferenciales de la naturaleza humana: idealismo, generosidad, desinterés, compasión.

Los protagonistas de este libro son empresarios que, a través de sus iniciativas empresariales, generan un impacto social positivo y nos demuestran con su quehacer diario que hay otras formas de hacer empresa y, por extensión, de construir la sociedad. Ellos hablan de «cambiar el mundo» como propósito fundacional, y en efecto cambian el mundo cambiando «su mundo». Desde una apuesta de responsabilidad individual total, deciden embarcarse en aventuras personales en las que a lo largo del camino encuentran a más personas cómplices de sus sueños y ambiciones.

Su liderazgo se fundamenta en la aplicación práctica de unos valores personales, tales como la solidaridad, la generosidad, la creatividad al servicio de la justicia social, la empatía, la compasión... Son gente que encuentra la felicidad haciendo felices a los demás y que ponen al ser humano y a su entorno como el fin primero y último, la razón de ser de su empresa. El beneficio económico, importante, fundamental, no deja de ser un medio al servicio de un fin superior.

El fin superior coincide con la férrea voluntad de contribuir, al máximo de sus posibilidades, a la resolución de un problema social. Estos son algunos de los problemas que estos empresarios sociales tratan de paliar: la contaminación del plástico que inunda los mares; la escasez de agua como bien de primera necesidad en los lugares más pobres del planeta; la despoblación rural y el abandono de nuestros mayores; el consumo masivo, artificial e injusto que penaliza a los productores locales en favor de una intermediación abusiva; un sistema educativo que no da las mismas oportunidades a los que no tienen medios económicos; enfermedades como la diabetes o la epilepsia, que interfieren seriamente en el desenvolvimiento de la vida normal de mucha gente... Como empresarios, sus soluciones no parten de subvenciones o de aportaciones caritativas, sino de una doble cuenta de resultados, económica a la vez que social, basada en la prestación de servicios y el desarrollo de productos altamente competitivos que hacen que sus emprendimientos sean sostenibles. Como empresarios con impacto social, tienen un doble entendimiento, una doble mirada: económica y social, eficiente y humana, productiva y compasiva.

Estos empresarios sociales encuentran en su vida la posibilidad de trabajar en pos de un propósito elevado que además conecta con un sentido de misión personal. ¿Qué hace que este propósito sea elevado? La íntima sensación de que en su consecución dan lo mejor de sí y a la vez contribuyen a la obtención de un bien general superior. ¿Quién los apodera o faculta en este sentido de misión personal? Ellos mismos, el encuentro con su verdadera esencia y naturaleza, el desarrollo de su pleno potencial.

¿Por qué la necesidad de tener un propósito en la vida? ¿Qué nos aporta tener ese propósito? Nos ayuda a distinguir lo relevante de lo accesorio, aclara nuestras prioridades porque otorga «alta intención» a nuestras actuaciones y nos convierte en una herramienta de generación de prosperidad para todos dándonos una razón por la que trascender.

La idea de propósito y su potencia parten de una convicción o creencia previa que todos nuestros personajes comparten: que todos y cada uno de nosotros tenemos un «yo auténtico», una «naturaleza especial», una manera particular e intransferible de «yo verdadero» al que podemos renunciar si queremos, pero no sin consecuencias. Nuestros empresarios sociales se consideran unos privilegiados, no exentos de esfuerzos y sacrificios, pero sabedores de que se dedican a lo que mejor saben hacer y lo que más les gusta, al servicio de aquello en lo que más creen.

¿Cómo logran estas personas saber lo que más les va, lo que más conecta con su naturaleza, lo que se relaciona más espontáneamente con sus talentos y valores? La respuesta es doble: experimentación y reflexión. Como todas las cosas interesantes y complejas de la vida, la mezcla correcta de estos dos ingredientes requiere equilibrio y un adecuado manejo de la paradoja que es el ser humano. Por un lado, hay que forzarse a llegar donde no es fácil, asumir riesgos, aventurarse hacia lo desconocido sin ninguna certeza de lo que se va a encontrar, asumir el fracaso como oportunidad, no como derrota. Por otro, hay que reflexionar, contar hasta diez, calcular costes y beneficios, controlar los riesgos que se asumen, minimizar en lo posible los daños. En todo caso, siempre hay un componente añadido fundamental para acabar llegando a la meta final: el trabajo duro, la persistencia, la voluntad.

La auténtica felicidad, en el sentido aristotélico del término, es la experiencia de una vida plena, acorde a las propias posibilidades y potencialidades. Esta felicidad a largo plazo valida al individuo que la experimenta. Esa validación es la confirmación de que uno actúa en función de sus fortalezas, de sus virtudes. Los personajes de este libro son reales, de carne y hueso, y aterrizan todas estas ideas en algo tangible, concreto, aprehensible, que podemos contrastar: su proyecto de empresa social.

Cada proyecto en el que nos embarcamos ha de ser personal e intransferible, conforme a los propios criterios; propios y verdaderos, aquí no vale fingir. Nuestros empresarios sociales se plantean todos los días de su vida objetivos intrínsecamente interesantes para ellos, arduos y difíciles pero satisfactorios en sí mismos, reconfortantes en el camino hacia su consecución. Su felicidad es auténtica, basada en una vida auténtica, en función de objetivos auténticos.

Los personajes de este libro se enfrentan a dilemas, incertidumbres, decisiones difíciles que tomar... La fidelidad a sí mismos, a sus valores, les es esencial. Los valores no son tanto reglas que nos gobiernan como referencias que nos sirven de guía y que marcan el rumbo de nuestra actuación cuando hay un propósito detrás. Los valores se eligen libremente, no se imponen; van con nosotros, evolucionan, no son fijos; orientan, no constriñen; son activos y ayudan a vivir una vida más cercana a la que se quiere vivir; liberan de presiones sociales; y, finalmente, facilitan la propia aceptación, cuestión relevante para llevar una vida equilibrada y saludable. No obstante, un valor solo es de verdad cuando se practica, cuando se vive de acuerdo a él. Los proyectos empresariales de nuestros empresarios sociales son la manifestación práctica de sus valores personales.

Nuestros protagonistas organizan sus vidas en torno a sus valores y las ligan a proyectos con propósito que los conectan con otras personas afines. Cuando uno encuentra su propia voz inspira a otros a encontrar la suya. Ser fiel a uno mismo, coherente con las propias convicciones, nos hace influyentes sobre los demás. La coherencia personal es el primer y último filtro. Propósito, valores, convicciones, ideales... todo pasa por ese listón final. Lo que hacemos en el día a día es lo que marca nuestra identidad, nuestra personalidad. Las personas somos historias, narrativas basadas en acciones que ejecutamos cotidianamente. Actuamos en función de cómo somos y somos según cómo actuamos. Nuestras acciones nos hacen y nos definen. Nuestros empresarios sociales hablan desde su actuación.

SORBOS

PASION, CREATIVIDAD Y CONCIENCIA MEDIOAMBIENTAL

*Si pudiera concederme un deseo, no pediría riqueza
ni poder, sino el sentido del apasionamiento hacia lo
que puede llegar a ser, por el ojo que, siempre joven y
ardiente, ve lo posible. El placer defrauda, la posibilidad
no lo hace nunca. ¿Qué vino es más aromático, más
incitante, más embriagador que la excitante posibilidad?*

SOREN KIERKEGAARD, *Estudios estéticos*

La patria del hombre son sus ilusiones.

ENRIQUE ROJAS, *La conquista de la voluntad*

*No queramos dominar la mente solo a fuerza de voluntad,
antes bien aprendamos a manejar la mente haciendo ir
primero delante al sentimiento, la emoción. La mente
sigue de un modo general a la emoción. El interés es lo que
permite que la persona registre con claridad las cosas.*

ANTONIO BLAY, *La personalidad creadora*

INCONSCIENCIA PLANETARIA

Informes como el de la Comisión Lancet de la Fundación Rockefeller sobre la salud del planeta[1], elaborado por prestigiosos científicos especialistas en la materia, nos hacen ver la gravedad del problema al que nos enfrentamos. Al parecer, estamos hipotecando la salud de las futuras generaciones a cambio de nuestro bienestar económico presente. Un sentido mínimo de justicia y generosidad hacia las generaciones venideras nos enfrenta a la obligación moral de cuidar de la salud del planeta, especialmente si pensamos en los más desfavorecidos. Salud y deterioro medioambiental están íntimamente relacionados y van a tener en los próximos años manifestaciones muy perjudiciales: cambio climático, acidificación de los océanos, degradación de la tierra, escasez de agua, sobreexplotación pesquera y pérdida de biodiversidad. Estos problemas son agravados por tres factores colindantes: un consumo excesivo, ineficiente, insostenible y falto de equidad de los recursos, un desarrollo tecnológico desequilibrado y un crecimiento excesivo de la población mundial.

Cierto es que la humanidad ha tenido grandes avances en los últimos años. La salud de la población mundial ha mejorado considerablemente (como la elevación de la esperanza de vida de 47 años a 69 en los últimos 50 años). La pobreza extrema se ha reducido (700 millones menos de pobres en los últimos 30 años). Ha habido grandes avances en sanidad pública, educación, derechos humanos y desarrollo tecnológico. Pero todo ello no habría sido posible sin un importante equilibrio de todos los ecosistemas terrestres. Sin embargo, diversas instituciones y estudios

---

1 *Safeguarding human health in the Anthropocene epoch. Report of The Rockefeller Foundation-Lancet Commission on planetary health www.thelancet.com. Vol 386 November 14, 2015.*

(Global Environment Outlook, MEA-Millennium Ecosystem Assessment, IPCC-Intergovernmental Panel on Climate Change) advierten de que el rápido deterioro de estos equilibrios naturales supone ya una seria amenaza para la salud del planeta. El cambio climático se encuentra en niveles que superan ya los límites de seguridad y está afectando negativamente a variables tales como los índices de extinción de las especies, la destrucción de la masa forestal, el grado de acidificación de los océanos o la calidad del agua.

Varias son las medidas a tomar que contribuyen a un mejor estado del planeta. Entre ellas destacan la reducción de residuos a través de la elaboración de productos de más larga duración, que requieran menor cantidad de materiales y de energía para ser fabricados. El reciclaje, la reutilización y la reparación de materiales usados, unido a la sustitución de sustancias peligrosas por alternativas más seguras, son otras medidas favorecedoras del mayor equilibrio medioambiental. Estos cambios requieren de nuevos diseños y soluciones innovadoras, además de la reducción de la demanda y el consumo de recursos que dañan la calidad del medioambiente durante su proceso de extracción, producción o utilización.

Un reciente informe del IPCC-Intergovernmental Panel on Climate Change, *Global warming of 1.5°C*, analiza las consecuencias de un posible incremento de la temperatura global de 1,5°C desde la era pre-industrial. Según este estudio, la actividad humana ha causado un calentamiento global desde la era pre-industrial que estaría entre 0,8°C y 1,2°C. Si seguimos la misma tendencia que hasta ahora, el calentamiento global alcanzaría los 1,5°C entre 2030 y 2052[2]. Esto tendría consecuencias muy negativas para la

---

2 *Global warming of 1.5°C. Summary for Policymakers, IPCC-Intergovernmental Panel on Climate Change*. www.ipcc.ch, October 2018, Switzerland.

salud, la expectativa de vida, la calidad de los alimentos, la disponibilidad de agua, la seguridad en general y el crecimiento económico. La solución pasaría, entre otras medidas, por reducir las emisiones de CO_2 un 45% hasta 2030, llegando a emisiones netas cero en 2050.

En el ámbito del plástico, hay muchas iniciativas (*Straw Wars, Lonely Whale, Ocean Conservancy,* entre otras)[3] que tratan de contribuir a la drástica reducción de su consumo, dado su impacto tan negativo en la flora y fauna marinas. Los científicos estiman que más de ocho millones de toneladas métricas de plástico entran en nuestros océanos cada año afectando muy negativamente a la vida en el mar, ya que muchas especies consumen y se enredan en esta ingente cantidad de plástico. En los próximos diez años podríamos acabar con medio kilo de plástico en el mar por cada 1,5 kg de pescado. El plástico no se biodegrada, dura para siempre, se descompone en pequeños fragmentos e inunda paisajes y océanos, entrando en la cadena de alimentación, y por tanto formando parte de nuestra dieta.

Las bolsas de plástico son malas para el medioambiente porque acaban en los océanos. Las pajitas de plástico están entre los diez objetos más comunes encontrados como residuos en las playas. Las pajitas son una gran amenaza para las especies marinas (aves, tortugas, peces) porque se las comen. El plástico es basura en el agua que los animales confunden con comida o que les atrapa con fatales consecuencias. El plástico además atrae y concentra otros contaminantes, con lo que su efecto es doblemente nocivo. Desde el plancton hasta las ballenas, los animales oceánicos se contaminan con él. El plástico ha sido encontrado en el 59% de las aves marinas, el 100% de las tortugas, y en más del

---

3   http://strawwars.org
https://www.strawlessocean.org/lonelywhale
https://oceanconservancy.org/blog/2018/06/06/know-plastic-goes

25% de los peces que se han investigado en diferentes lugares alrededor de todo el mundo.

La solución al problema del plástico comienza en tierra, empezando por una reducción de su uso, especialmente de aquellos artículos que solo se utilizan una vez, como por ejemplo las pajitas. También pueden ayudar su recogida y reciclaje. La educación y la toma de conciencia de la gente son muy importantes. Cada vez son más los bares y restaurantes que han erradicado el uso de millones de pajitas entre sus clientes.

En definitiva, se trata de darnos cuenta del poder que tenemos entre todos y cada uno de nosotros para mejorar el medioambiente. Cuanta más gente se preocupe por la salud de la Tierra, y sea capaz de poner esa preocupación en acción, más cerca estaremos de conseguir el objetivo común de vivir en un planeta más sano. Es hora de pasar de una inconsciencia temeraria e irresponsable a una toma de consciencia global, personal y activa. El movimiento se demuestra andando.

SORBOS[4]

En Sorbos cuidan el medioambiente sustituyendo el plástico por pajitas biodegradables y comestibles. Sorbos ofrece un valor añadido convirtiendo el continente en contenido mediante la elaboración de productos exclusivos y personalizados 100% (color, aroma, sabor y tamaño). Las pajitas Sorbos son productos biodegradables 100% y representan una apuesta por un mundo sin plástico. Sorbos se define como una empresa consciente e implicada con el desarrollo soste-

---

4   https://wearesorbos.com

nible del planeta, y por ello le da un gran valor al medioambiente y a los productos biodegradables. No utiliza ningún tipo de plástico en todo el proceso de fabricación.

Los productos biodegradables son capaces de descomponerse de manera natural en otros componentes químicos en un período breve, y de esta manera pueden reintegrarse en la tierra y son mucho menos perjudiciales para el medioambiente. Algunos datos que desde Sorbos quieren compartir:

- En los últimos trece años se han producido más de 4.000 millones de toneladas de plástico y la producción sigue creciendo a una increíble velocidad.
- Solo el 9% de este plástico ha sido reciclado.
- En el mundo se consumen más de mil millones de pajitas al día y en España más de 5.000 millones al año. Al no ser biodegradables, la gran mayoría terminan en los mares y océanos contaminando y dañando gravemente el medioambiente, la flora y la fauna.

ENTREVISTA A VICTOR SANCHEZ,

presidente y fundador de Sorbos

IAM   **¿Qué valor personal domina en tu vida y en qué medida Sorbos es la expresión de ese valor?**

VS   La pasión. Cuando doy charlas a los chavales, siempre les digo que la idea de Sorbos nació de la cabeza pero creció desde el corazón, la pasión y la persistencia. Creo que la gran diferencia entre un emprendedor normal y un emprendedor social es que este último busca conseguir algo importante. Si finalmente lo consigue, seguramente el dinero vendrá detrás. A toda la gente con la que trabajo le pregunto cuál es su objetivo, cuál es su misión a la hora de colaborar conmigo. Ninguno de ellos me habla nunca de dinero; me hablan de desarrollo, de hacer algo bonito, de cambiar las cosas. Para mí eso es fundamental.

IAM **Tu relación con los demás, con tus colaboradores especialmente, ¿siempre ha sido así?**

VS Al inicio predominaba la incredulidad. Ahora nos conocen más, pero antes no. «¡Este chaval ¿a dónde cree que va?!». Este chaval era yo y ese podía ser el pensamiento de la gente con la que yo me reunía hace dos años. Recuerdo una anécdota con una profesora, decana de Dietética y Nutrición de la Universidad de Barcelona. Ella me tenía que presentar a los ingenieros que iban a facilitar el desarrollo de nuestro producto, y lo primero que me dijo al escuchar mi idea fue: «Esto va a ser una moda. Estás loco; además, va a ser muy caro». Mi contestación fue: «Si esto va a ser una moda, en dos años te planto un edificio con mi nombre, una biblioteca. A nivel de costes, te aseguro que lo tengo medido y me va a costar una quinta parte de lo que tú me dices. Y por último, y para mí lo más importante, es que solo vengo a preguntarte si lo quieres hacer. Si no lo quieres hacer, tranquila que ya encontraré la manera». Ahora me llaman de esa universidad para que vaya a dar charlas y siempre les pongo el ejemplo de su decana.

IAM **Creo que una frase tuya fue: «Por gente como tú, la gente deja de hacer las cosas». ¿Es así?**

VS   Tal cual. En mis charlas les digo a los chavales que cuando quieran hacer algo, los primeros que lo tienen que tener claro son ellos. Los demás no lo van a ver, porque cada uno tiene su vida. Un emprendedor ve algo avanzado a su tiempo. También hay que tener suerte. Yo anticipé el tema de las pajitas comestibles, pero a la vez hemos llegado en un buen momento con toda la concienciación respecto al problema del plástico. En el emprendedor con éxito se junta el ser visionario, disruptivo, pero también el tener suerte. En la vida, para tener éxito hay que echarle mucha cara y romper reglas escritas y tabúes que no sirven para nada.

IAM   Sorbos, tu organización, ha recibido un premio de la prestigiosa empresa Pascual, de manos de su presidente, Tomás Pascual. Para ti fue un momento muy especial.

VS   Así es. Nosotros tardamos dos años en desarrollar nuestra patente y en tener nuestro propio proceso de producción. Hacía tres años nos habíamos apuntado al Concurso de Calidad Pascual para *start-ups* de Jóvenes Emprendedores Sociales. Presentamos nuestro proyecto y ganamos de entre más de 170 empresas participantes. Era el verano de 2016; me acordaré toda mi vida. Hicieron un acto muy solemne al que asistieron grandes autoridades: la ministra de Medioambiente, el presidente de Telefónica, etc. Tomás Pascual tenía que mencionar el nombre del ganador. Dijo «Sorbos», y ahí ya se me puso la piel de gallina. Pero a continuación comentó: «Sorbos reinventa la manera de consumir las bebidas». Ahí me eché a llorar. Es una frase que creo que me tengo que tatuar. Es indescriptible la sensación que tiene uno después de estar luchando durante tres años por algo en lo que crees firmemente y que alguien como Tomás Pascual, con su experiencia y su responsabilidad, te diga algo así. Era la primera vez que yo escuchaba de alguien externo a Sorbos decir algo así. No pude hablar al recoger el premio, lo hizo mi compañero Quique, yo me desmoronaba. Una vez recogido el premio y finiquitado el acto, me encontré llorando en los pasillos, media hora rompiendo a llorar, llamando a mi padre, a mi abuela, a toda la familia que había estado pendiente de mí y de Sorbos. Tenía la cara hinchada de tanto llorar; no estaba para salir en fotos. Era un llanto de felicidad.

IAM   Y ese llanto, ¿de dónde venía?

VS   Cuando empecé con Sorbos, yo tenía una mano delante y otra detrás, que es lo que nos pasa a la mayoría de los emprendedores. La gente de mi entorno, amigos como Quique o Carlos, me daban sus ahorros y los invertían en esto. Yo los había embaucado con mi idea. Tomando un café en una terraza, al lado de donde nos entregaron el premio, con mis amigos, yo seguía llorando. Les dije que ellos no sabían la presión que yo había soportado hasta ese momento, de tener su dinero, sus ahorros, su carga. A partir de aquel día empecé a disfrutar realmente de mi proyecto.

IAM   Hasta hace nada, según creo, habéis estado cobrando sueldos mileuristas.

VS   Nosotros siempre hemos tenido muy claro que nuestro proyecto no puede dejar de crecer, porque estamos haciendo algo bueno y muy necesario para el mundo. Así que eso supone tener que reinvertir todo una y otra vez. Eso conlleva enormes sacrificios para poder llegar a fin de mes, pagar a los empleados. Hemos pedido ayuda a familiares, sin ser ellos ricos ni mucho menos. Hasta hace cuatro meses, que las cifras de ventas han empezado a subir, no hemos tenido financiación de bancos. Ahora tenemos la sensación de que hacemos lo que nos gusta; seguimos siendo mileuristas, pero somos más felices que nunca. Si hubiéramos orientado Sorbos como un negocio sin más, sin tanta ambición por crecer, yo podría estar ganando bastante dinero ya. Pero no es nuestro fin ni nuestro sentido. Nosotros queremos contribuir a erradicar el consumo de plástico en el mundo. Por eso nuestro gran objetivo es no parar de crecer. Tampoco queremos ampliar capital con nuevos socios que nos hagan perder el control de lo que hacemos.

IAM **Volviendo a ese valor tan importante para ti en tu vida, la pasión. ¿Cómo detectas y mides la pasión en los demás, en la gente que te rodea?**

VS El primer día que conoces a alguien no detectas esto. Yo les pregunto a mis empleados por qué quieren trabajar aquí y una de las razones más comunes, lógicamente, es el dinero. En esta industria se paga mejor que en otras y eso es una motivación para mucha gente. Yo lo que les digo es que traten de que al menos un 10% de su motivación venga de su corazón. Les digo que necesito que ellos crean en lo que aquí hacemos y que si eso no es posible, les invito a que busquen cubrir su necesidad económica en otro lado. Yo no quiero tener a gente que trabaja por trabajar en mi empresa, quiero gente que crea en lo que hacemos. También eso conlleva explicarles en lo que estamos, lo que queremos, proyectos, planes de expansión... Para motivar a la gente hay que mantenerla informada e implicada. En una cadena de producción cada uno tiene su posición. Por otro lado, nosotros no dejamos de innovar y de crecer. Para mí, por ejemplo, el tipo que tengo en empaquetado es la persona más experta de Sorbos, porque en Sorbos no dejamos de innovar en esas máquinas. Siempre les pido ideas de cómo podemos producir más y mejor, ser más eficientes, más ágiles. De esta forma se van involucrando más en el proyecto.

IAM   **¿Cuándo sabes si alguien encaja o no?**

VS   A los ocho días. Un sueco que se ha incorporado como nuestro último socio se iba a venir por un año. Al poco tiempo compró un piso en Barcelona y ahora lo tenemos aquí cada dos semanas porque le encanta el proyecto. Este es un sueco que no se hace el sueco.

IAM   **¿Cómo le conociste?**

VS   En una gira por Asia, presentando nuestro proyecto. Se acercó una persona y me dijo que se le había puesto la piel de gallina al escuchar mi presentación. Me puso en contacto con un amigo suyo que quería invertir en temas de salud y medioambiente; era el sueco.

IAM   **¿La pasión se contagia?**

VS   Tal cual. Yo no soy de etiquetar, ni de entrevistar a la gente durante largo tiempo. A las personas se las conoce en lo que valen una vez que están desempeñando su función en su puesto de trabajo. Yo les digo que somos emprendedores y que yo necesito guerreros. Trabajamos al límite, echamos muchas horas extras y además necesitamos innovar. Pedimos mucho a nuestros empleados pero también se lo pagamos. Están encantados; aquí ganan más y además se sienten muy involucrados.

IAM **En los comienzos todo es más difícil, y es cuando más se aprecia conectar con gente que te entiende y que te apoya, aliados. ¿Tuviste tú esos aliados?**

VS Sí, claro. Recuerdo especialmente el caso de David Ventura. Cuando yo conocí a David, estábamos en un momento en el que no sabíamos cómo producir nuestras pajitas. Fue viendo la tele que supe de él y decidí contactarle. Él es presidente de una empresa que se dedica a desarrollar aromas para otras empresas del sector de alimentación. Llamé directamente a su secretaria y al poco hablé directamente con él y quedamos en vernos. Una vez reunidos, él se mostró bastante impresionado por dónde estábamos y lo que estábamos haciendo, lo primero que hicimos es mostrarle a David un pliego de condiciones de confidencialidad y derechos de propiedad sobre nuestro producto. No queríamos que nadie nos copiara y robara nuestra idea. David lo leyó y me dijo que no podía firmar nada de todo eso. En ese momento, mis socios y yo nos miramos y decidimos confiar. Así que sacamos nuestra pajita y se la enseñamos a David. Nos tiramos a la piscina. Al día siguiente ya estábamos reunidos con el responsable de producción de la empresa y ocho personas más con batas blancas. A día de hoy, considero a David un amigo. Nunca tienes que olvidar de dónde vienes y quién te ha ayudado. Cuesta mucho encontrar gente y organizaciones que te ayuden de manera filantrópica.

IAM **¿Cómo influye cómo eres en lo que has conseguido?**

VS   Mucho. Yo soy mucho de dar abrazos, soy efusivo. Yo conecto con las personas de primeras, con una sonrisa, un apretón de manos. Mi nivel de inglés es muy bajo y a veces me veo interactúando con gente en ese idioma. A pesar de no hablarlo bien, sigo teniendo el mismo nivel de conexión. Cuando tú rompes barreras, la gente se muestra más cercana. El inglés de turno es raro que no me salude con un «hola amigo». La parte humana nunca hay que perderla, no podemos dejar de ser personas. Por cierto, ese inglés es el responsable de sostenibilidad de una de las empresas alimentarias más grandes del mundo.

IAM **Me imagino pues que valoras mucho la comunicación dentro de tu organización.**

VS   Así es. Me gusta el contacto con las personas, cara a cara, transparente, de forma abierta, con todos. Al menos una vez al mes, por si hay algo que no funciona, nos reunimos con todos los empleados y hablamos de cualquier tema pendiente directamente; así evitamos la rumorología, los chismes y los malentendidos.

IAM **¿De dónde te viene a ti la pasión?**

VS   Para mí, ser emprendedor no es montar una fábrica, sino que tienes que creer en aquello que haces. Yo empecé en todo esto hace cinco años como *brand ambassador,* embajador de una marca. Era un comercial con gracia que tenía que promover la marca que me estaba pagando. Yo quería vender el producto, la ginebra, de otra forma, con algún toque diferente. Mis clientes me comentaron que el coste extra de hacerlo así no entraba en su presupuesto, así que decidí cubrir los costes yo mismo. Yo ganaba unos 120 euros en cada una de esas acciones y me tocó poner unos 60 de mi parte para darle el toque especial que yo quería. Perdía dinero haciendo eso, pero ganaba el sentirme realizado en lo que hacía, sabiendo que se podía hacer mucho mejor. Empecé a transmitir una experiencia a través del *gintonic*, haciendo las escenificaciones en la cara de la gente, que se quedaba embobada. ¿Problema? Que la gente le ponía la pajita de plástico. Aquello no podía ser, no pegaba. Entonces se me ocurrió hacer una pajita de pomelo que se pudiera comer, a base de caramelo, y se lo comenté a un amigo mío. Lo probamos y la gente solo hablaba de la pajita de pomelo. En ese momento se me encendió la bombilla. Le dije a mi amigo que teníamos que producir un millón de pajitas. Su respuesta, «tú estás loco». Miré en Internet y me di cuenta de que no había nada sobre pajitas comestibles. Al mismo tiempo, en aquel momento ya existían movimientos en contra del plástico, tipo *Straw Wars*. Luego vino la imagen de la tortuga con una pajita de plástico trabada en la nariz que dio la vuelta al mundo, otros movimientos como *Lonely Whale*, el Horizonte 2020 en la Unión Europea... Por cierto, un miembro de la Comisión Europea que está en este Horizonte 2020 nos ha contactado interesándose por nuestro proyecto. Hoy tengo claro que quiero que Sorbos sea una marca de referencia en la defensa del medioambiente y en la lucha contra el plástico.

IAM **Así que, de alguna manera, tu pasión nace de tu creatividad y de la necesidad de aportar valor añadido y estético en lo que haces. Y es así como llegas, casi sin querer, a la preocu-**

pación por el consumo excesivo de plásticos, la lucha por el medioambiente y la sostenibilidad. ¿Estoy en lo cierto?

VS   Así es, así empezó todo. Todo comienza en el espíritu constante de intentar hacer las cosas de manera diferente y lo mejor posible. Aún hoy me gusta apartarme de los *stands* en las ferias y ver la expresión de ilusión e impacto en la gente que ve las pajitas. Todavía sigo llorando cuando compruebo esas reacciones de la gente. Ahora tengo embajadores de mi producto por todo el mundo, como por ejemplo dos azafatas de las líneas aéreas *Emirates* que llevan un muestrario de mis pajitas y se las enseñan a quien pueda estar interesado. El otro día me comentaban la cara de ilusión de los niños cuando descubrían mis pajitas. Ahora voy por todo el mundo mostrando mis pajitas a los niños. Cuando seamos una empresa más grande y tengamos mayores ingresos, tengo claro que parte de los beneficios los dedicaremos a obras sociales. Para mí esa es la esencia de un emprendedor social: emprender para aportar a la sociedad, ir más allá del puro negocio.

IAM   **¿Qué pasará cuando otros os copien y produzcan pajitas como las vuestras a gran escala?**

VS   Por mi parte encantado. Necesitamos copias, entre otras cosas para abrir mercado. Es muy difícil abrir mercado. Nosotros solos no podemos acometer todo el consumo potencial de pajitas en el mundo. Hay que conseguir que la gente se acostumbre a consumir pajitas comestibles. Solo en España se consumen 5.000 millones de pajitas al año; son más de 13 millones al día. A nivel mundial, son más de 1000 millones de pajitas diarias; es imposible abarcar todo eso nosotros solos. Mi orgullo siempre será haber sido los primeros y haber abierto los ojos a otros. Mi gran ilusión es que acabe convirtiéndose en un movimiento.

IAM **¿Qué consejo les darías a jóvenes que están empezando su carrera profesional con inquietudes similares a las tuyas?**

VS   Todos somos mecánicos. Durante nuestra vida nos dan herramientas y nos enseñan a utilizarlas. Yo creo que no hay que etiquetar a la gente, sino conectar con cada persona, con su esencia, con aquello que está preparada para hacer mejor. Hay que conectar con aquello que cada persona está predestinada a hacer. Por otro lado, lo más importante en esta vida es ser buena persona. Mi padre me decía: «Ojalá, cuando tengas setenta años, te mires en frente de un espejo y ese sigas siendo tú».

AUARA

EMPATIA CON LOS MAS DESFAVORECIDOS DE LA ALDEA GLOBAL

Si el amor está en tu corazón, cada pensamiento, cada palabra y cada acto pueden dar lugar a un milagro.

THICH NHAT HANH, *Hacia la paz interior*

Algunos se enfrentan a dificultades desde el instante en que nacen. Esas son las personas más especiales de todas, que necesitan el mayor cariño, atención y comprensión, y nos recuerdan que la única finalidad de la vida es el amor.

KÜBLER-ROSS, *La rueda de la vida*

Amar es creer que todas las personas heridas en su memoria, en su corazón o en su cuerpo, pueden transformar su herida en fuente de vida. Amar es depositar expectativas en el otro e inocularle el virus de la esperanza.

TIM GUÉNARD, *Más fuerte que el odio*

UN POZO PARA AHMED

17-2-17
De: José Ramón Zunzunegui
A: Daniel Cortiñán
CC: Jaime Villamor

Querido Daniel,

No te conozco, no me conoces, y aun así me siento muy a gusto escribiéndote estas líneas. Soy José Ramón Zunzunegui, médico destinado en Sudán, donde ejerzo mis funciones en diferentes lugares infradesarrollados del país, rodeado de problemas cotidianos que tienen que ver con la falta de higiene, la desnutrición y la ausencia de las mínimas condiciones de salubridad.

La razón de esta carta se llama Ahmed. Él quiere que sepas cómo es su día a día ahora en comparación con lo que era antes. Ahmed tiene nueve años, vive con su madre y dos hermanos menores que él. A su padre se lo llevó la guerrilla hace tres años y no han vuelto a saber nada más de él. Ahmed va a la escuela todos los días; la tiene a una hora de donde vive. Se siente muy orgulloso y optimista; sabe que ahí aprenderá cosas con las que poder ayudar a su familia más adelante. Antes no podía ir a la escuela, no tenía tiempo. Se levantaba muy temprano, a las 5:00 h, y partía en su larguísimo viaje por el desierto que le llevaba seis horas en total, tres de ida y tres de vuelta. ¿Cuál era su destino? El agua. Hoy el agua la tiene a media hora, así que, entre ida y vuelta, en una hora ya está listo para ir a la escuela.

El agua siempre ha sido un problema para Ahmed, su familia y el poblado en donde viven. Ahmed perdió a dos hermanos pequeños recién nacidos. Murieron de cólera, como más habitantes de la aldea; fue una epidemia tremenda. Aquel año, la escasez de agua fue especialmente intensa y la gente, desesperada, recurrió a cualquier vía para intentar sobrevivir, consumiendo agua contaminada que a la postre fue la que les mató. La madre de Ahmed aún no se lo perdona; estaba desesperada, no sabía cómo calmar la sed de sus pequeños.

Gracias a tener más agua y más accesible, Ahmed y su familia hoy pueden lavarse, tener una higiene mínima y comer cosas que antes no podían, o al menos no con la asiduidad y seguridad con que ahora lo hacen. Es impresionante ver la cara de satisfacción y de gratitud de Ahmed ahora que recorre cinco kilómetros a diario, una sexta parte de lo que hacía antes. Es increíble, pero la falta de agua, saneamientos e higiene mata cada día a casi 1.000 niños menores de cinco años en todo el mundo.

¿Sabes cuál fue la solución? Tu pozo, Daniel, el pozo que tú has financiado, y por tanto ayudado a construir. Sabemos que has creado una fundación que se dedica a posibilitar que más pozos como este se construyan en el mundo, especialmente en África. Ahmed quiere que te transmita que tu pozo es especial. Tu pozo es fuente de vida, les da la vida, a él, a su familia y al resto del poblado; ese pozo es un regalo cotidiano para ellos. Tu pozo además es punto de encuentro y de reunión, donde la gente habla, saben los unos de los otros, se ponen de acuerdo para hacer cosas juntos. Tu pozo es el centro del mundo, de su mundo, todo te lo deben a ti. Bueno, a ti y a Jaime, que fue el ingeniero que lo construyó. Jaime está copiado en este correo por explícito deseo de Ahmed, ya que para él Jaime es tan responsable del pozo como tú. No hay un solo día en que Ahmed no le dé las gracias a Jaime de una u otra forma por el pozo, tu pozo.

Ahmed me ha pedido que te escriba esta carta de agradecimiento; yo simplemente he hecho de traductor y emisario. He de reconocer que redactarla y enviártela ha sido un ejercicio muy reconfortante. Como te decía al principio, aunque hasta hace un rato no sabía nada de ti, siento como si nos conociéramos de toda la vida. Ese pozo mágico que has ayudado a construir de alguna manera nos ha conectado y, como el agua que contiene, nos da la vida dando sentido a nuestras vidas. En el caso de Ahmed y su familia no se trata de una metáfora: el agua de tu pozo les ha devuelto a la vida.

Un fuerte abrazo y hasta siempre

José Ramón

18-2-17
De: Jaime Villamor
A: Daniel Cortiñán
CC: José Ramón Zunzunegui

Querido Daniel,

Soy Jaime Villamor, el ingeniero. A mí esto de escribir no se me da bien; como buen ingeniero de Caminos, entiendo más de números, cálculos volumétricos y materiales de obra. Lo cierto es que, leyendo la carta de mi amigo José Ramón, me ha surgido un impulso y el resultado de ese impulso son estas letras.

Tengo algunos mensajes que compartir contigo. El primero es que no sabes lo que reconforta ver la cara de Ahmed estos días, su satisfacción profunda, su rebosante felicidad porque un amigo de España les ha regalado un pozo, tu pozo. Creo que si vieras ese rostro angelical solo unos segundos cargarías tus pilas al menos diez años más.

Mi segundo mensaje tiene que ver conmigo, y seguramente algo te toca a ti también. La mayor obra de ingeniería del mundo, la más desafiante y complicada, en el lugar más interesante de la Tierra, encargada por el mejor y más prestigioso cliente, no tendría el más mínimo valor comparado con la inmensa satisfacción de haber puesto al servicio de esta pobre gente mi humilde conocimiento construyéndoles ese pozo.

El tercer mensaje, seguramente es el menos importante por innecesario, pero por si acaso ahí va. Sigue con tu obra y con tu fundación. Hay muchos pozos de agua que construir, muchas vidas que salvar. «Los Ahmed» del mundo esperan y desean que tu labor no cese.

Un abrazo

Jaime

22-2-17
De: Daniel Cortiñán
A: José Ramón Zunzunegui; Jaime Villamor

Queridos José Ramón y Jaime,

Ayer fue uno de los peores días de mi vida. Uno de los proyectos más importantes que estamos financiando en Nigeria se ha venido completamente abajo porque la persona encargada de supervisarlo allí ha resultado ser un ladrón; se ha llevado todos los fondos que teníamos destinados al lanzamiento inicial. Por otro lado, una institución financiera española con presencia internacional nos ha denegado unos fondos que eran importantes para cofinanciar con un socio local en Somalia una obra de ingeniería básica que facilitaría el día a día de miles de personas que tardan horas en llegar a sus lugares de trabajo. Por último, y para rematar la faena, uno de mis socios, con el que originalmente me embarqué en esta aventura, va a dejar la fundación pues le han diagnosticado un cáncer muy agresivo en estado muy avanzado de repente, de un día para otro.

Vuestras cartas han sido el socorrista que te saca de la última ola cuando estás a punto de ahogarte. No podéis imaginaros el bien que me habéis hecho con ellas. Sudán es un país en el que sin duda tendremos más proyectos que financiar y gestionar. Os aseguro que aprovecharé la más mínima ocasión que tenga para dejarme caer por allí y conoceros personalmente. No me perdería la sonrisa de Ahmed por nada del mundo. Esa sonrisa la necesito hoy más que nunca.

Hace cinco años se murió un hermano mío, el mayor. Mi hermano fue ejemplar en vida y también lo fue a su muerte. Cuando supo que le había llegado la hora, fue llamando a cada uno de sus tres hermanos, yo entre ellos, para despedirse. En mi caso, el mensaje fue tan tierno y tan potente que lo llevo grabado en mi corazón. «Daniel, ya sabes que te quiero y que siempre te he querido. Quédate en paz cada vez que pienses en mí porque así me voy yo, en paz. Creo que después de esta vida nos espera algo bueno en compañía de los seres queridos que nos han adelantado en la marcha. Finalmente, por favor, en la medida que puedas cuida de mi mujer y de mis hijos. Marta es fuerte, lo sabrá encajar pero le vendrá bien sentirse acompañada. Tus sobrinos son buenos chicos, ya lo sabes, pero esto les ha tocado muy pronto en su vida; les llevará un tiempo entenderlo plenamente. Para ellos sí que es una putada. Adiós, hermano, te quiero, gracias por todo».

Recuerdo haber hablado alguna vez con este ser tan excepcional, mi hermano, sobre si había algo en la vida de lo que se arrepentía. Se quedó pensando y, después de unos segundos, me comentó que tenía la sensación de no haberla exprimido plenamente en cuanto a dedicación profesional. Su trabajo estaba bien porque pagaba su nivel de vida, que no era poco, pero sin más.

¿Por qué os cuento esto? Porque hace cinco años fue cuando decidí dedicarme a lo que ahora me dedico, básicamente a ayudar a gente que ha tenido mucha peor suerte que yo en la vida. ¿Cómo? Haciendo lo que creo que se me da mejor: buscar fuentes de financiación a proyectos viables en manos de personas muy competentes y profesionales como vosotros.

Ahmed y vosotros, vuestras cartas, me reafirman en que, aunque a veces los nubarrones aparezcan o las cosas se tuerzan, estoy donde debo estar y hago lo que debo hacer. Muchas gracias a los tres por recordármelo. En breve espero estar allí para agradecéroslo personalmente. No me perdería la sonrisa de Ahmed por nada del mundo.

Un fortísimo abrazo

Daniel

AUARA[5], EL AGUA CON VALORES

Auara es una marca de agua mineral que invierte el 100% de sus dividendos en llevar agua potable a personas que no la tienen, y que además fabrica sus botellas con un 100% de plástico reciclado R-Pet.

Su reto es llevar agua potable a las personas más necesitadas y reducir el impacto ambiental de las botellas que consumimos.

Auara convierte un hecho cotidiano como beber agua en un acto extraordinario.

---

5   https://auara.org

ENTREVISTA A ANTONIO ESPINOSA DE LOS MONTEROS,

presidente y fundador de Auara

IAM **¿Qué valores personales han sido piedras angulares en tu vida?**

AEM Cuando te paras a pensar de manera un tanto crítica en aquello a lo que dedicamos nuestro tiempo y nuestra vida, te das cuenta de que a veces estamos un poco desenfocados. Trabajamos ocho o diez horas al día después de dormir, la actividad a la que más tiempo le dedicamos, y no nos planteamos seriamente el motivo de nuestro trabajo. Somos unos privilegiados, yo el primero, al podernos plantear asuntos así. ¿Trabajamos para sobrevivir, para lucrarnos, o nos planteamos la posibilidad de que haya algún tipo de vocación detrás? El dinero está demasiado presente en todo lo que decidimos y hacemos. Dedicamos la mayor parte de nuestra vida a trabajar para adquirir un dinero que nos permitirá hacer lo que realmente deseamos el resto del tiempo, escaso, que nos quede cuando dejemos de trabajar. Las cuentas no salen.

IAM **¿Cuándo decidiste que el juego de trabajar por dinero no lo querías jugar?**

AEM El dinero es necesario y todos lo necesitamos para vivir, pero yo he tenido la suerte de poder dedicarme a algo en lo que el dinero no es la primera prioridad. Salí de la universidad y empecé con Auara, que es una empresa social. Pero ese ha sido mi camino, cada uno tiene el suyo. Las personas que trabajan en todo tipo de empresas, cada una desde su posición, pueden impactar en la sociedad de manera positiva sin necesidad de abandonar su trabajo. Debemos empezar por cambiar lo más cercano, lo más inmediato. ¿Qué mundo vas a cambiar si tienes a la gente de tu oficina machacada? Ponemos como prioridad las grandes cosas, el cambio climático, la lucha contra el hambre... y se nos olvida que tenemos a nuestra abuela en una residencia y que hace mucho que no la vemos. Yo soy el primero que me olvido de estas pequeñas cosas. Tengo a mi abuela en Sevilla y debería visitarla mucho más. Lo grande está lejos, es impersonal, mientras que en lo pequeño te tienes que mojar, bajar al barro, poner una sonrisa cuando cuesta más. San Pablo, en la primera Carta a los Corintios, lo deja muy claro: «si no tienes amor, ¿de qué te sirve?».

IAM   **¿Por qué das el salto de crear Auara?**

AEM   Todo parte de la experiencia brutal para mí de conocer la pobreza material. Yo estudiaba Arquitectura en Madrid y en el verano del segundo año de carrera me fui a ayudar a construir un colegio con un misionero en Perú. La razón de irme para allá era más técnica que otra cosa; quería ver cómo lo que yo dibujaba en un papel se ejecutaba luego en la práctica. Pero la experiencia resultó mucho más humana que técnica. Conocí una gente que vivía en una miseria total. Miseria material, pero a la vez con una grandeza moral increíble. Había personas que te sonreían, que te daban todo lo que tenían sin un mal gesto. Nosotros tenemos dolor de muelas un día y no soportamos nada ni a nadie; esta gente tiene toda la boca destrozada y solo piensa en agradarte. Es el contraste entre pobreza física y alegría; todo un choque para un chaval de veinte años entonces como yo.

IAM **¿Y cómo digiere un chaval de veinte años un choque así?**

AEM Mi primera reacción fue de culpa. ¿Por qué yo lo tengo todo y ellos no? Esa reacción es mala, porque empiezas a rechazar todo y a todos en tu entorno y te vuelves un ser bastante insoportable. El punto de inflexión es cuando pasas de la culpa al agradecimiento. Desde el agradecimiento te das cuenta de que lo que tienes no te lo has ganado pero que lo tienes que aprovechar. Agradecimiento y optimismo fueron a partir de entonces dos motores en mi vida. Empiezas a asumir que tienes la capacidad, desde una posición privilegiada, de cambiar el mundo; no hace falta ser Bill Gates, ni entrar en trance o tener una experiencia mística. Si buscas tu oportunidad, la encuentras. Yo creo que la vida es búsqueda.

IAM **¿Te consideras un optimista natural?**

AEM Natural no, pero sí un optimista construido; ha habido que trabajarlo. En Perú, las personas que yo conocí no se planteaban este tipo de cuestiones, no se podían permitir ese lujo, no podían deprimirse; su lucha era sobrevivir cada día. En Etiopía, estando en un hospital te dabas cuenta de que las personas allí entendían la vida de otra manera para poder soportarla. Comprobé que una madre que perdía a su tercer hijo lloraba igual que lo haría una madre occidental, pero el llanto le duraba menos. Es la misma dureza, pero hay que pasar página más rápido para salir adelante.

IAM **¿Cómo fue tu colaboración con la orden de la Madre Teresa de Calcuta?**

AEM   He estado en varias casas de la Madre Teresa de Calcuta, en Etiopía, en Burkina Faso, en Madrid también. Ellas aquí atienden a personas sin hogar, drogadictos, enfermos de sida... Yo iba una vez al mes a hacer un turno de noche. Las monjas de esta orden suelen ser chicas formadas, con carrera y que renuncian a todas sus posesiones materiales. Yo no he visto gente con mayor felicidad, que contrasta con la miseria de la que se rodean. Generan alegría en un ambiente de pobreza extrema. Yo creo que tiene mucho que ver con el desarrollo de una vida espiritual y el desapego material.

IAM   ¡Qué paradoja! En las circunstancias materiales más adversas, algunos encuentran la mayor plenitud y felicidad.

AEM   Otra paradoja cuando entras en Internet es darte cuenta de la cantidad de basura que hay escrita sobre Teresa de Calcuta desde el odio. Una de las cuestiones que se le achacan es que ellas le dan mucho valor moral al sufrimiento. Ellas le dan un valor espiritual, un sentido al sufrimiento. Son un ejemplo de cómo seguir viviendo a pesar del sufrimiento. Todos tenemos la experiencia de haber crecido más en la vida cuando más hemos sufrido.

IAM   El sufrimiento como aprendizaje.

AEM   En efecto, el sufrimiento es una fuente de aprendizaje, es parte de la vida, aunque en el momento es difícil verlo. La vida tiene mucho sufrimiento, todas las vidas. Todo el mundo sufre. Nos engañamos si pensamos que lo podemos superar o paliar con ocio o con placer.

IAM **Has leído a Tagore, *El sentido de la vida;* ¿qué tal?**

AEM Me ha parecido un libro espectacular.

IAM **¿Qué destacas de este libro como mensaje fundamental?**

AEM Lo importante que es apreciar la belleza que hay en todas las culturas y en todas las religiones. Me hace pensar en el sentido de la vida, en Dios, como un puzle. Todas las religiones tienen parte de él, del mismo puzle. Estar abierto a conocer lo que piensan y creen los demás, cuál es su relación con el mundo, te hace tener una visión más completa de la vida. Esa visión humilde me ha encantado de este libro. La curiosidad y el respeto por lo que piensan los demás, que es compatible con defender la propia cultura. Cuando rechazamos tanto lo de fuera, quizás es porque nosotros como sociedad no tenemos nada que proponer desde dentro. Tagore defiende la cultura india, desde la verdad y desde el espíritu, pero sabiendo convivir con el materialismo dominante y la globalización. No niega el progreso material, pero anima a preservar la cultura en defensa del hombre y de la verdad espiritual. Si como sociedad atacamos la dimensión espiritual del ser humano, le estamos dejando cojo.

IAM **Para ti, la verdad conecta con la dimensión espiritual del ser humano, que forma parte de él.**

AEM Claro. Es difícil hablar de estas cosas ahora, porque enseguida te descalifican y lo emplean como arma arrojadiza. Estamos obviando el debate y eso nos empobrece como sociedad. El origen de todo esto es el materialismo de base que alimenta todo el sistema y no permite cuestionarlo en su raíz. Las personas buscan llenar sus anhelos con cosas materiales. Responde a la lógica del mercado. La persona espiritual es menos consumista. Vivimos en un sistema consumista de bajo coste. Habría que consumir menos cosas y de más valor. En vez de tres pantalones de 20 euros cada uno, un pantalón de 60 euros, de mejor calidad, que dure más, que respete la cadena de valor, acorde con el comercio justo y la conservación del medioambiente.

IAM **¿Por qué Auara y por qué el tema del agua?**

AEM Es fruto de la experiencia, de mis viajes, especialmente en Etiopía donde estuve cuatro veces y un total de seis meses en los que ayudé a la construcción de un hospital. Trabajaba con una ONG llamada *Amigos de Silva,* rodeado de la gente más pobre de Etiopía, con temperaturas alrededor de los 50°. Había refugiados de hacía quince años, provenientes de la guerra con Eritrea, con un estatus legal de limbo total; no tenían con qué progresar. Ellos venían de una cultura nómada. En la mayoría de los problemas de aquella gente, si conocías sus historias, el agua tenía un papel fundamental: enfermedades estomacales por beber agua contaminada, niños con malnutrición por falta de alimentos por escasez de agua. Recuerdo un señor con una gangrena en la pierna brutal al que tuvimos que enviar para que se la amputaran al hospital más cercano, a 600 km. Se había hecho una herida tonta en el campo y no tenía agua para lavársela en su casa. Si no tienes agua, no tienes lo más básico. Muchos niños no van al colegio porque tienen que ir a buscar el agua en trayectos diarios de cuatro a seis horas. En el camino hay riesgos de seguridad grande, por animales, agresiones, acoso sexual... Tanto los niños como las mujeres son colectivos muy vulnerables en este sentido. Lo del agua fue muy claro para mí.

IAM **¿Y qué pasos diste a partir de ese momento?**

AEM Yo ya intuía que lo mío iba a ser luchar contra la pobreza. En quinto de carrera tuve una conversación muy dura con mis padres. Les dije que quería dejar los estudios e irme a vivir a Etiopía. Fue un poco drama al principio, mi madre llorando... Me convencieron de acabar primero la carrera y que luego ya veríamos. Fue un sabio consejo.

IAM **¿Te planteaste seriamente vivir allí?**

AEM Me lo planteé y aún me lo sigo planteando. Yo creo mucho en la Providencia. La Providencia te va marcando cuál debe ser el camino. A día de hoy, mi sitio lo tengo aquí, con un proyecto que satisface mi vocación de trabajar para los demás, viviendo en mi entorno y cambiando cosas necesarias también aquí. No tengo que salvar al mundo, ni mucho menos, pero también tienes una responsabilidad con tu mundo, con tu gente.

IAM **El impacto desde aquí puede ser incluso mayor.**

AEM Desde luego. Además, tan importante como trabajar por la pobreza material es hacerlo por la pobreza espiritual. Cada vez la veo más acuciante y más dura. El mundo está mejor desde el punto de vista de la miseria material, la tendencia es a mejor. La pobreza espiritual en cambio está en ascenso. Parte de la falta de espiritualidad consiste en no ver a los demás como personas, que además en este caso sufren. Cuando quitamos a la persona su valor como tal, empezamos a verla y tratarla como un objeto. Yo tengo amigos inmigrantes que han llegado en patera cruzando por Ceuta… y ellos te dicen que la imagen que tienen de lo que esperan aquí es muy diferente de lo que luego se encuentran. Aquí se enfrentan a la soledad total.

IAM **¿Y qué me cuentas de Auara?**

AEM Es una empresa social, con forma jurídica de sociedad limitada. El problema es que en España no existe una figura jurídica para la empresa social. No podemos ser una fundación, porque no podríamos tener más del 40% de nuestros ingresos a través de la venta de productos o servicios. Empezamos hace cuatro años tomando unas cervezas con dos amigos, uno de ellos trabajando en una empresa social ya. Decidimos unir empresa social y agua. Nos fuimos a ver a un amigo de mi padre que se dedicaba a la valoración de empresas. Nos ayudó a saber lo que era un plan de negocio, etc. Le gustó tanto la idea que todavía sigue con nosotros. Tardamos dos años y medio en vender la primera botella. En España no había mucha cultura de empresa social. Mucha gente nos dijo que la idea no tenía ningún sentido.

IAM **¿Los «noes» superaron mucho a los «síes»?**

AEM De 100 a 1. Pero teníamos la convicción del loco.

IAM **¿Cuándo os disteis cuenta de que vuestro proyecto podía ser viable?**

AEM Contactamos con la empresa Pascual y un miembro de la familia se enamoró del proyecto y decidió apoyarnos. Nos dio información relevante de cómo funciona el sector, nos ayudó a entender la operativa del negocio, puso a nuestra disposición su red logística.

Todo esto nos permitió presentar una propuesta de empresa más sólida, conseguimos financiación a través de familiares y amigos, y finalmente se incorporó al proceso 360 CorA, una empresa de asesoramiento financiero independiente (EAFI) que nos financió el arranque del proyecto. Luego entramos en contacto con Unltd Spain, Manuel Lencero y su gente, que nos han ayudado mucho también.

IAM   ¿Cuál es la idea de Auara?

AEM   Introducir el impacto social en productos de consumo habitual. Tú te compras una botella de agua y estás ayudando a que otra persona tenga agua. Nos gustaría ser capaces a largo plazo de hacer llegar ese impacto social a la elaboración de otros muchos productos de consumo habitual. Somos una empresa social, sin ánimo de lucro; el 100% de los beneficios los reinvertimos en nuestro fin social. El impacto social tiene que estar en todo lo que hacemos a lo largo de toda la cadena de valor; cómo tratamos a nuestros empleados, proveedores, clientes, la relación con nuestro entorno, medioambiente... Somos la primera marca en Europa en fabricar botellas con material totalmente reciclado, un gran avance en el sector. Nosotros damos valor a ese plástico para que vuelva otra vez a la economía. Con esto conseguimos además que cada vez haya más material reciclado y más empresas de reciclaje.

IAM   Del total de vuestros ingresos, ¿cuánto se destina al fin social?

AEM   El 100% de los dividendos, lo que implica que no hay dividendos.

IAM   ¿Hay voces escépticas y que os afecten?

AEM   Al principio había más porque no nos conocían. Una de las grandes cosas que tenemos ahora es que generamos confianza. Hemos tratado de ser coherentes entre lo que decimos y lo que hacemos. Los fundadores de la empresa empezaremos a cobrar un sueldo a partir de enero de 2019, por ejemplo; es difícil que alguien nos diga que hemos montado esto para lucrarnos. La gente, los consumidores, tanto en el trato directo como en las redes sociales, se cree nuestro producto, les damos confianza. Obviamente, siempre hay algún *hater* al que no le gustas, pero es que el *hater* se dedica a odiar; no podemos gustar absolutamente a todos.

IAM   ¿El consumidor paga un extra por vuestro producto?

AEM   No paga un extra, pero es verdad que no somos baratos. Nos hemos situado en la parte alta de la franja de precios del sector. En un supermercado nuestra botella de medio litro cuesta 57 céntimos, no es algo prohibitivo.

IAM   ¿Cómo definirías tú el éxito?

AEM   Es una pregunta que todos nos deberíamos hacer alguna vez. Para esta sociedad, probablemente el éxito tiene que ver con un trabajo muy bien remunerado y con mucho reconocimiento social. Eso hay que replantearlo. El éxito debería consistir en encontrar la verdad, aspirar a cosas buenas en la vida y no renunciar a ellas por presión social. El éxito es poner al ser humano en el centro; desde ahí le das más protagonismo a tu familia, te preocupas por tu crecimiento personal. Es fácil perder el foco, encontrar excusas para no dedicarte a lo prioritario de verdad. Es fundamental cuestionarse qué es lo importante en la vida.

IAM **¿Qué consejo le darías a gente con inquietudes similares a las tuyas?**

AEM Me cuesta dar consejos porque el que los necesita soy yo. La curiosidad profunda es muy buena, buscar el porqué de las cosas, explorar lo desconocido. En el mundo laboral, a veces los caminos son muy rígidos y creo que eso es una pobreza. Hay que darse la oportunidad de hacer cosas que *a priori* no son «productivas» pero que te llenan de experiencias: montar un grupo de música, viajar de mochilero, dibujar cómics... Cuando llenas tu vida de experiencias y de personas, creo que aprendes las cosas realmente importantes de la vida.

LA EXCLUSIVA

LOGISTICA SOCIAL: REVITALIZAR LOS PUEBLOS CUIDANDO A NUESTROS MAYORES

MI OTRO ABUELO

Queridísima Belén,

Perdona que no haya contestado ninguna de tus llamadas; sé que han sido varias, muchos días y más de una al día. Sinceramente no podía, no me veía capaz.

¿Por qué?

Aún no lo sé a ciencia cierta. Desde que murió tu abuelo, mi amigo, me he visto inmerso en una especie de abismo oscuro y tenebroso del que apenas ahora empiezo a salir un poco. Es como un agujero negro que me ha atrapado en una energía regresiva de miedo y frustración. Miedo a lo desconocido, al dolor, a la nada, a la muerte. Frustración porque el tiempo que me quede hasta enfrentar esa hora lo tendré que recorrer sin mi mejor acompañante de los últimos años. Perdona que sea tan sincero, pero tú eres toda una mujer ya y no estás para tonterías ni falsedades.

Por otro lado, quiero aprovechar estas letras para agradecerte inmensamente la gratísima compañía que nos has brindado a tu abuelo y a mí hasta ahora. Te confieso que te he sentido como si fueras mi nieta también. Entre tú y yo, creo que tu abuelo en algún momento sentía algo de celos hacia mí, sobre todo cuando yo parecía entenderte mejor que él escuchando tus dilemas ante la vida. Por cierto, sigo creyendo como tú que uno tiene que estudiar y dedicarse a aquello que le apasione, de lo contrario el trabajo se hace muy cuesta arriba. Que no elija tu carrera nadie por ti, escucha a tu cerebro pero también a tu corazón. Y en cuanto al «noviete» ese que te has echado, lo mismo pero al revés: escucha a tu corazón pero pon a funcionar la cabeza a la vez. Tómate tu tiempo; eres muy joven, sobre todo para tomar las grandes decisiones que marcan una vida.

Bueno, Belén, niña, supongo que ya no nos veremos con tanta asiduidad como antes. Aun así espero que no te olvides del todo de este viejo amigo que te quiere mucho y que te agradece todo el tiempo que pasaste con él. Para mí y para tu abuelo eras un aire fresco mañanero que ventilaba nuestros días, los agitaba, les daba color.

Un beso muy fuerte

Ramiro

Querido Ramiro,

He esperado un día para contestar tu correo porque al principio he de confesarte que estaba un poco enfadada contigo. Ya no lo estoy pero aun así me parecía más honesto contártelo; ya sabes, entre nosotros no hay secretos.

¿Enfadada por qué?

Primero, por no haber dado señales de vida en tanto tiempo desde la muerte de mi abuelo. Ya suponía que para ti había sido un golpe muy fuerte, pero eso me hacía sentir más la necesidad de estar a tu lado, compartir nuestra pena, ayudarnos en estos momentos tan tristes.

Mi enfado se agudizó ayer al leer tu mensaje. Me parecía como que te estabas despidiendo de mí. De una tacada había perdido dos abuelos, aunque uno de ellos sigue vivo.

Cuando iba a responderte, la llamada de una amiga paró el golpe por un momento y luego, unas horas después, ya veía las cosas de otra manera. Una conversación entre medias con mi madre, siempre mi madre, me ayudó a entender. ¡Qué tonta he sido! ¡Y qué egoísta!

Creo que ahora entiendo los sentimientos que has podido tener y esa sensación de abismo que también yo he tenido. Ya comprendo que no respondías a mis llamadas porque no estabas para ninguna llamada; bastante tenías con tirar para adelante.

Tu carta me gusta, pero no del todo. Tú dices que es la carta del amigo de mi abuelo, y yo en realidad siento que tengo dos abuelos. Uno se ha ido hace unos días, tu amigo, pero el otro eres tú. Así que, abuelo Ramiro, no pienses ni por un instante que vas a dejar de verme. No sé cuánto me necesitas tú a mí, espero que mucho, pero te aseguro que yo te necesito una enormidad a ti. No voy a dejar que te vayas de mi vida o que simplemente te distancies un poco más. Ni hablar. El viernes que viene iré a verte al pueblo, como siempre, a las 20:00 h en punto. El que llegue antes al bar que vaya pidiendo las cañas.

Un beso, abuelo, te quiero. Hasta el viernes.

Belén

LA EXCLUSIVA[6]

La Exclusiva es una empresa social que busca reducir la despoblación en la provincia de Soria cubriendo las necesidades básicas de sus habitantes, sin ningún coste añadido, a través de un sistema de logística social que ofrece:

- Acceso a productos y servicios de primera necesidad
- Ahorro de tiempo y comodidad, mediante la entrega y recogida de pedidos a domicilio
- Seguridad y mejora del bienestar de colectivos vulnerables, como es el de la tercera edad

La Exclusiva está pensada para las personas que residen en pequeños pueblos de la provincia de Soria, en su mayoría ancianos, que tienen dificultades a la hora de conseguir ciertos productos. Su logística social busca cubrir sus necesidades básicas, como pueden ser la compra diaria, la obtención de medicamentos, la presentación de documentos oficiales en el registro público... y además ofrecerles un contacto humano y regular (semanal). Todo esto sin ningún coste añadido y sin necesidad de desplazarse de su domicilio.

ENTREVISTA A FREDERIC GUALLAR,

alumno de ESADE en prácticas en La Exclusiva

Lo primero que pensé cuando me ofrecieron venir a Soria a hacer unas prácticas en El Hueco (aceleradora de empresas sociales) fue: «¿Y qué hay en Soria?».

---

6   http://www.laexclusiva.org - info@laexclusiva.org

Empecé a preguntar a mis amigos y familiares qué había en Soria. Prácticamente nadie sabía nada de esta provincia. Algunos me mencionaron la Laguna Negra, otros pocos la ermita de San Saturio. En ese momento se me pasaron por la cabeza dos posibles hipótesis: no hay nada en Soria o Soria es la gran desconocida. Me alegra decir que he tenido tiempo suficiente para darme cuenta de que Soria tiene todo lo que uno necesita.

Por cosas del destino se me asignó a La Exclusiva, que incluía un concepto ignoto para mí: la logística social.

La ruta del martes estaba centrada en la zona de Pinares y El Valle, y partimos sobre las 10 h de la mañana. Víctor conducía y Vicky iba controlando los pedidos y recibiendo llamadas continuamente. Siempre hay un poco de incertidumbre al realizar tu primer reparto; no sabes cómo van a reaccionar los ancianos al dejar entrar a un desconocido en su casa. Sin embargo, me sentí como si entrara en casa de mis propios abuelos. Su bienvenida era acogedora y calurosa y nos ofrecían casi siempre un refresco, que se agradecía mucho en estos días calurosos. Los ancianos recibían a Vicky y Víctor con una sonrisa en los labios y se les veía la ilusión en los ojos al ver llegar su camioneta con el reparto semanal. A Vicky y a Víctor les apasiona su trabajo y también tienen esa mirada.

La Exclusiva es mucho más que una empresa social. Devuelve la ilusión y da esperanza a la gente mayor en Soria y en más provincias para que se queden a vivir ahí donde han crecido y tienen los recuerdos de toda su vida. Esa ilusión que se ve a los empleados de La Exclusiva es impagable y los ancianos se la devuelven con mucho amor y cariño.

Llegamos a las 18:30 h a Soria ciudad después de todo el día repartiendo. Cualquiera puede pensar que ocho horas en la furgoneta son largas y pesadas, pero me quedé con ganas de más.

¿Qué tiene Soria?

Soria tiene todo lo que uno necesita para vivir en paz y armonía. Definitivamente, Soria es la gran desconocida. Se puede decir que no tiene nada, pero que lo tiene todo. Muchas gracias, Vicky y Víctor, por mostrarme más de lo que os podéis imaginar.

ENTREVISTA A VICKY TORTOSA,

gerente de La Exclusiva

IAM **¿Qué valor personal domina en tu vida y en qué medida La Exclusiva es la expresión de ese valor?**

VT He trabajado en cooperación diez años antes de trabajar en La Exclusiva. La primera vez que me fui de viaje tenía dieciséis años. En mi caso, creo que el valor del que estamos hablando es la justicia social. Yo siempre he trabajado en el ámbito de lo social.

IAM **Y eso de trabajar en el ámbito de lo social, ¿por qué?**

VT Mi madre era la presidenta de una ONG, aparte de trabajar en servicios sociales. Supongo que lo he vivido siempre, desde que era pequeña. Forma parte de mi educación.

IAM **Así que decidiste seguir el ejemplo de tu madre. ¿Qué experiencias previas de cooperación has tenido?**

VT Iba a América Latina y el Caribe con la ONG Cives Mundi, orientada a poblaciones indígenas. Trabajaba en todo, desde prevención y tratamiento del sida hasta derechos humanos, agua, agricultura... Estuve en Haití, cuando el terremoto, y he trabajado en emprendimiento social en Dominicana.

IAM **¿Cómo surge la idea de La Exclusiva?**

VT Nosotros lo que hacemos es mejorar la calidad de vida de las personas. Sobre todo, ahora de las que tengo cerca. Durante muchos años trabajé fuera. Llegó un momento donde además fui madre y decidí hacer lo que había estado haciendo fuera pero en casa, con la gente que me rodea. Mi abuela vive en uno de los pueblos de La Exclusiva y mi pareja tenía tiendas en pueblos chiquititos de la provincia.

Nos dimos cuenta de que la situación del contexto estaba obligando a las personas mayores a irse de sus casas, convirtiéndolas en desplazadas. Para mí, el lugar en el mundo que tiene cada uno es muy importante.

Hugo, mi pareja, tenía seis tiendas distribuidas en seis pueblos de la provincia de Soria, y en junio de 2013 con la crisis llegó un momento en que las tuvimos que cerrar. Soria cada vez pierde más población; ahora estamos en cuatro habitantes por día. La gente que queda en los pueblos es poca y muy mayor y esto, sumado a la crisis, provoca que la administración deje de prestar determinados servicios básicos: líneas regulares de autobús, medicina, enfermería...; servicios muy importantes, especialmente para las personas mayores. La España vacía sigue teniendo mucha gente; lo que pasa es que a algunos se les ha olvidado.

IAM **Así que La Exclusiva es vuestra manera de atender la necesidad de que unas personas no tengan que abandonar sus hogares contra su voluntad, y por otro lado hacer sostenible vuestro modo de vida, que con las tiendas no lo era.**

VT Así es. Los seis pueblos pequeños de la provincia de Soria donde antes teníamos las tiendas constituyen ahora nuestra ruta de los viernes. A cuantos más pueblos y población podamos llegar, menos personas tendrán que irse de sus casas.

Te quedas en una provincia de 10.500 kilómetros cuadrados, con 80 años y en un pueblo donde viven cinco. Eso es muy peligroso y muy inseguro para una persona mayor. La gente no se quiere mover de su hogar, así que La Exclusiva les lleva todos los servicios necesarios a sus casas.

Las tiendas no funcionaban porque nos comían los gastos fijos: el alquiler, la gasolina, el impuesto de autónomos... Luego está el género que no vendes y que terminas tirando. Decidimos que todo fuera sobre pedido y así no había que tirar nada. Convertimos unas tiendas de pueblo y venta ambulante en lo que nosotros llamamos «logística social».

IAM **¿Cómo funciona esa logística social?**

VT Nosotros tomamos nota de los pedidos de la gente, los enviamos a los proveedores a través de una plataforma, los preparan, pasamos a recogerlos y los distribuimos por las casas. No le cobramos al cliente sino al proveedor un porcentaje sobre el total de ventas que hace con nosotros al mes. No es justo que la gente del medio rural pague los mismos impuestos que en la ciudad y sin embargo no reciba los mismos servicios, por eso no queremos cobrarles un coste extra.

Por otro lado, si en el pueblo hay una tienda, nosotros le ofrecemos nuestros servicios a la tienda, no competimos con ella.

Hicimos un estudio de campo. Fuimos por 518 pueblos, casa por casa, conociendo e interesándonos por sus necesidades de consumo. Empezamos por alimentación pero nos dimos cuenta de que la alimentación no fija población. Decidimos seguir con el resto de servicios que ayudan y permiten a la gente quedarse en sus casas: catering, textil, albañilería, rehabilitación de vivienda, fontanería, electricidad, servicios jurídicos, lotería, librería, muebles de terraza y de jardín...; en definitiva, todo lo que puedan necesitar. Los pedidos son semanales, La Exclusiva va una vez a la semana.

Actualmente damos servicio a 518 núcleos de población en Soria y 78 en Burgos. Eso supone más o menos 15.000 personas.

IAM **Suena a que lo que hacéis va más allá de una logística social.**

VT Les pase lo que les pase, las personas me llaman a mí y así se sienten seguras. Se rompe la antena de la tele o se les ha salido el agua del baño, saben que pueden llamar a La Exclusiva. Eso les da mucha seguridad. Además, pueden pedir cualquier producto al mismo precio que en la capital en las mismas cantidades. No estaban acostumbradas a comer producto fresco, sino de matanza o congelados. Pueden variar la dieta según el catálogo que les llevamos: diferentes pescados, carnes... Cuando les cambias sus hábitos de compra y de consumo empiezan a comer mucho mejor y a ponerse menos enfermos. Además, es como haber recuperado el contacto entre la capital y el pueblo, es como volver a estar en contacto con el mundo. Vuelven a pedir cosas que antes podían pedir en la capital: zapatillas, una toalla, unas gafas de piscina para los nietos que van en verano, medias, tintes del pelo...

IAM   **El contacto y el trato humano son fundamentales también.**

VT   Sí claro. Somos alguien que les soluciona los problemas. Tienen mi teléfono personal; me pueden llamar a cualquier hora. Me preocupo mucho por ellas, sé mucho de sus vidas. Cuando me voy de vacaciones, que es una semana al año, me llaman para ver cómo estoy. Se murió mi suegra y vinieron al entierro. Estas personas forman parte de mi familia y yo de las de ellas. Para mi gusto, no puedes ser un emprendedor social si esto no forma parte de tu vida. Esto es mucho más que un trabajo. Sé cómo están de salud, sé qué posibles dolencias o problemas tienen y tratamos de facilitar su acceso a los servicios médicos que puedan necesitar. Nosotros querríamos poder llevarles al médico pero no podemos; la ley nos lo impide. Nos obliga a hacer transporte solo de mercancías y eso es una limitación en el medio rural. No hay nada que me dé más miedo que llamar a una puerta en una entrega y que nadie me abra; ya me ha pasado. Nadie se entera hasta una semana después de si alguien se ha caído en su casa y se ha muerto.

IAM   **Me hablabas de tu abuela. Ella tiene algo que ver con toda esta dedicación, ¿no?**

VT Mi yaya vive en San Esteban, que es un pueblo de mi ruta de los miércoles. Tiene 89 años, es muy mayor; ya solo sale a dar una vuelta a la manzana. Si no fuera por La Exclusiva no podría vivir en su casa. Las cosas más sencillas son muy complicadas. Si se estropea un fluorescente de la cocina, ellas no pueden subirse a la escalera a cambiarlo. Si el fluorescente se rompe en enero, sus hijos no van a venir hasta Semana Santa a arreglarlo.

IAM Eres como una nieta para ellas.

VT Sí, soy como una nieta. Saben cuándo es mi cumpleaños y el de mi hija. Me preparan una tarta y un café. Esto va mucho más allá de hacer la compra. Yo con ellas hablo todas las semanas, a menudo dos veces. Me lo cuentan todo.

IAM Me hablas de ellas, y no de ellos. ¿Por qué?

VT Las que mandan en el mundo rural son las mujeres; bueno y en el mundo urbano también. Antes los hombres trabajaban en el campo y la mujer estaba y mandaba en la casa. En los pequeños pueblos hay mucho hombre soltero, porque ellos se quedaban haciendo las labores del campo y ellas se iban a servir a las ciudades porque allí pagaban más. Los hombres que viven en el medio rural normalmente viven con los hermanos y si son varios contratan a una persona para las tareas del hogar. Si no, es la hermana la que se lo lleva a casa y ella se encarga.

IAM ¿Hay jóvenes?

VT Sí, pero no muchos. Algunos han apostado por el medio rural, otros teletrabajan. El gran inconveniente es que en muchos pueblos no hay Internet. No se puede trabajar desde ahí.

IAM   ¿Por qué el nombre de La Exclusiva?

VT   Era el autobús que iba de Soria a Calahorra por la ruta de las tierras altas, que es mi ruta de los jueves. Es la zona más despoblada de Europa, un habitante por kilómetro cuadrado. La Exclusiva era el nexo entre la capital y el pueblo. Había que poner un nombre que la gente supiera lo que era. La Exclusiva original desapareció hace muchos años. Hay muy pocos pueblos que tengan líneas de autobús. Los pueblos ya estaban de capa caída pero en el 2008 llega la crisis y la Administración quita los pocos servicios públicos que quedaban.

IAM   ¿Cómo ves el futuro de La Exclusiva?

VT   Si todo va bien, abriremos seis Exclusivas más. Tenemos La Exclusiva Soria y La Exclusiva Burgos, y queremos añadir Cuenca, Teruel, Guadalajara, Valladolid, Palencia y Segovia. También estamos viendo León y Salamanca.

IAM   ¿Cómo lo vais a hacer?

VT   Encontrando gente de confianza en cada sitio. Yo busco un Hugo y una Vicky para donde hagan falta. Es un modelo de emprendimiento y franquicia social.

Cada zona es diferente y tiene necesidades distintas. Hace falta una organización brutal para esto, atender las necesidades de miles de personas, cada una con su singularidad. Hemos tardado cinco años en crear este modelo de éxito.

IAM   ¿Tenéis ya franquiciados?

VT   Todavía no. Lo que de verdad es importante en una empresa social son las personas, no vale cualquiera. Por ejemplo, en nuestro modelo funcionan muy bien las parejas, porque para hacer esto hay que quererse y apoyarse mucho. Te encuentras a una persona muerta en su casa, hay que llamar a sus hijos, avisar al 112, llamar al juez… y todo eso lo tienes que hacer tú.

Me gusta gente que haya vivido el medio rural y haya tenido tiendas o algún tipo de actividad comercial, porque es mucho más fácil. También los hijos de todos esos, como relevo generacional.

IAM **¿Qué ofrecéis a vuestros franquiciados?**

VT Lo primero, la marca. Además, el *knowhow,* la experiencia de todos los servicios. También les ofrecemos los porcentajes del contrato con los proveedores, que es lo más difícil de conseguir. Cuando empezamos, el porcentaje no tenía nada que ver con lo que es ahora. Empezamos con un 5% solo en alimentación, ahora tenemos veinte servicios diferentes y los porcentajes van entre el 6% y el 20%.

IAM **¿Cuántos sois ahora?**

VT Nosotros somos cinco: Hugo, que es mi pareja, yo, dos empleados a tiempo completo y uno a tiempo parcial.

IAM **¿Cómo definirías el éxito?**

VT ¿Relacionado con La Exclusiva?

IAM **El éxito en general, a nivel personal.**

VT Es muy importante tener muy claros los objetivos y luchar por ellos, independientemente de que los consigas o no.

He trabajado diez años en cooperación internacional, un trabajo muy pasional. Trabajas con niños, pobres, gente que se muere de verdad cada día. Sin embargo, nunca he sido tan feliz como ahora en La

Exclusiva. Es como si hubiera encontrado mi lugar en el mundo. Además, La Exclusiva y mi hija nacieron a la vez.

IAM **¿Cuál es la diferencia entre La Exclusiva y cualquier otra experiencia de cooperación que hayas tenido hasta ahora?**

VT La Exclusiva es mía y de Hugo, es algo que hemos creado nosotros. Es nuestro proyecto de vida. En esta etapa he aprendido más que nunca, he disfrutado muchísimo. Además he conocido gente por el camino que trabaja igual que tú para conseguir sus objetivos. Ha sido apasionante, ilusionante, me lo he pasado muy bien y también he sufrido un montón. Pero nunca he tenido nada tan claro en mi vida como que la despoblación tenía solución y que yo tenía la llave para conseguir que todas estas personas pudieran quedarse en su casa. Para mí el éxito es eso: ser feliz, trabajar en algo que te apasiona y pelear por cumplir tus objetivos y tus sueños. Hay que soñar en esta vida.

IAM **¿Qué consejo darías a personas con inquietudes similares a las tuyas?**

VT Que se arrimen a sitios como El Hueco, Ashoka, La Caixa, como yo hice en su día. Emprender solo es mucho más difícil. No puedes llegar ni tan lejos ni con tanta calidad como cuando tienes ayuda.

IAM **¿Algo más que quieras añadir?**

VT El 31 de marzo de este año 2019, 20.000 sorianos se manifestaron en Madrid a favor del medio rural y en contra de la despoblación. Fue muy emocionante. Estamos consiguiendo concienciar a la sociedad, especialmente a los jóvenes, de que el mundo rural ofrece buenas oportunidades para vivir y para trabajar. Estamos manifestando que la España vacía está llena de gente. Queremos conseguir un cambio sistémico y que al mundo rural se le mire con otros ojos. Hay que tener una ruralidad adaptada a los nuevos tiempos, empezando porque haya Internet en todos los pueblos. En Alemania, siendo su problema mucho menor que el nuestro, están implementando políticas contra la despoblación rural. Hacen falta nuevas políticas y planes de acción. Hay que cambiar las leyes y facilitar que la gente que presta servicios a los pueblos pueda vivir, empezando por pagar menos impuestos.

ESCUELAB

EDUCACION PARA TODOS E IGUALDAD DE OPORTUNIDADES

*Lo mejor para la tristeza —contestó Merlín,
empezando a soplar y resoplar— es aprender algo.
Es lo único que no falla nunca.*

Wayne Dyer, *Tus zonas erróneas*

El mejor método de educación es la felicidad.

Héctor Abad Faciolince, *El olvido que seremos*

*El ejemplo más fuerte de ilusión es la vida del niño:
es la forma propia de ella; un niño sin ilusiones no es
propiamente un niño. Creo que esto debería ser el punto de
partida de todo trato con el niño, de toda convivencia con
él, y por supuesto de su educación. La razón es muy clara:
el niño es todo futuro.*

Julián Marías, *Breve tratado de la ilusión*

¿QUE FUE DE ALEX?

En uno de mis viajes a Colombia, un amigo de allá me pidió un favor:

—Esther, tú sabes que desde hace unos años colaboro con una ONG que trabaja con niños desfavorecidos de barriadas pobres de las afueras de Bogotá, ¿verdad?

—Sí, claro. ¿Qué tal te va? ¿Qué tal les va a esos niños?

—Bien... ¡pero hay tanto por hacer!

—Me imagino...

—No, no te imaginas.

—¿Qué quieres decir?

—Una vez que estás allí sobre el terreno, viendo la realidad que viven esos niños... ¡Buf! Es un poco desesperante.

—¿Qué es desesperante?

—Ver que nuestra labor, importante, valiosa... al final del día cuenta muy poco para todo lo que queda por hacer.

—Seguro que vale mucho más de lo que dices, de lo que tú mismo reconoces.

—No te equivoques, Esther; no es un tema personal. No se trata de reconocimientos ni de méritos personales.

—Ya, creo que te entiendo.

—Lo que hacemos es una gota de agua en un océano, un granito en la arena del desierto. Si más gente colaborara, si más personas tuvieran consciencia de lo que pasa y conciencia para actuar, hacer algo, contribuir, no quedarse quietos en el salón de su casa...

—Cuánto lo siento amigo; qué pena me da que lo veas así.

—Perdona, me has pillado en un mal momento; normalmente los tengo buenos, de veras.

—Ya lo sé, te conozco y reconozco lo que tú y gente como tú estáis haciendo por acá. Eso solo se puede hacer desde la esperanza, el coraje y el optimismo de pensar que la realidad puede cambiar, que nosotros, cada uno, la podemos mejorar.

–De eso precisamente quería hablarte.

–Tú dirás.

–¿Sigues dirigiendo esos talleres de lectura para niños allá en España?

–Sí. Como sabes no es mi actividad principal, pero me refresca mucho hacerlo y creo que los niños aprenden y disfrutan con ello.

–Seguro. ¿Y crees que podrías hacer algo parecido con nuestros niños de las barriadas limítrofes de Bogotá?

–Sí, por su puesto.

–¡Genial!

–El problema es que mi agenda aquí está apretada y no sé cómo vamos a poder encajarlo.

–Ya. Lo podemos adaptar a tus necesidades, seguro.

–¿Podríamos hacerlo un sábado?

–Bueno, ¿por qué no? Se trata de una actividad voluntaria, lúdica, de entretenimiento. Aquellos que acudan sabremos que es porque están realmente motivados.

–Perfecto, hagámoslo este sábado pues. ¿Estamos a tiempo?

–Claro. En dos días lo organizo. ¿Tú qué necesitas?

–Nada, que estén los niños.

–Por supuesto, cuenta con ello.

Finalmente, la jornada de lectura con los niños tuvo lugar. Eran doce de diferentes edades, niveles, inquietudes e intereses. De todos ellos, uno me llamó especialmente la atención: Alex, nueve años y una facilidad asombrosa para la lectura y el lenguaje.

Estos niños viven en condiciones muy precarias, sus familias también, y apenas reciben un mínimo de lo que podríamos entender como educación formal. En donde viven estos niños a menudo no hay escuelas, y si las hay están lejos y son de difícil acceso. Por otro lado, no siempre sus familias, o quien quiera que viva con ellos, entienden la necesidad y bondad de su escolarización.

Con todos esos condicionantes, se podría decir que Alex era un niño prodigio, no solo por su destreza natural en el uso del lenguaje, sino por su extremada sensibilidad. Ese muchacho se fijaba en todo, observaba todo, ningún detalle se le escapaba, especialmente en la interacción directa conmigo.

Mientras yo leía el cuento, sus ojos se fijaban en mí atravesándome. Cuando hacía una pausa, les preguntaba o simplemente esperaba a que alguno hablara, Alex elevaba su mirada al cielo, se transportaba a otro lugar, como si soñara despierto.

—¿Qué piensas, Alex?

—En la niña protagonista del cuento. Ella tiene a su papá que la cuida, que la ayuda...

—Es verdad, qué padre tan bueno.

—¡Qué suerte!

—¿El qué, Alex?

—Tener un padre así.

Mi amigo me comentó que el padre de Alex era alcohólico. A menudo este tipo de individuos se desequilibra hasta tal punto que su única forma de dar salida a su frustración es pegar a los suyos, normalmente a los más cercanos e indefensos. Seguramente el final de cada día para Alex durante muchos días era tratar de adivinar en qué estado de ebriedad vendría su padre, cuán dura sería esa vez la paliza y a qué hermano le tocaría la peor parte.

La madre de Alex murió justo después de tenerlo a él. Al cabo de un tiempo, los servicios sociales recogieron a Alex y a sus hermanos y los fueron distribuyendo en diferentes centros de acogida. No todos esos centros funcionan bien; algunos son lugares en donde los niños empiezan sus primeros cursos avanzados de delincuencia. Depende mucho del azar y de las circunstancias concretas de cada centro, de qué tipo de persona lo dirija, qué compañeros te toquen, en qué barriada esté...

Llegó el momento de la despedida. El día había sido intenso, entretenido, entrañable y por momentos duro, muy duro. La situación más complicada para mí fue cuando, niño por niño, fui diciéndoles a todos adiós. Hasta que llegó el turno del último niño:

—¿Qué pasa, Alex?, te veo triste.

—Sí señora.

—¿Y eso?

—No me gustan las despedidas.

—En eso somos iguales, a mí tampoco me gustan nada.

—Ya, pero no es lo mismo.

—¿Qué quieres decir?

—Usted se va de aquí a otros lugares donde la quieren, la necesitan, con otros niños como yo que disfrutarán mucho con lo que usted hace y les enseña.

Durante un largo rato me quedé callada, boquiabierta, acongojada, con una angustia vital que nunca antes había sentido. Al momento, no pude contenerme, rompí a llorar; lágrimas densas como mi dolor en ese instante.

Dudé si animarme a hacerle la pregunta o si callarme. Finalmente, me arranqué:

—Y tú, Alex, ¿no tienes a nadie que te quiera y que te esté esperando?

Alex no contestó, se mantuvo en silencio; su mirada se quedó colgando de algún lugar muy lejano, en una especie de vacío existencial.

En ese momento, mi amigo anunció que un taxi nos esperaba a la salida para traernos de vuelta a la ciudad. Yo tenía allí otro compromiso y no había tiempo que perder. Desde el taxi eché una última mirada a los pocos niños que por allí quedaban. Alex no estaba entre ellos.

Mi amigo me comentó que el taller de lectura les había encantado y que difícilmente en sus vidas volverían a tener una experiencia tan rica e interesante. Cuando le pregunté por Alex, sus condiciones de vida, el futuro que le esperaba... mi amigo agachó la cabeza y murmuró algo así como «solo Dios lo sabe».

Por circunstancias del destino, no fue sino siete años después que yo volví a Colombia. Pregunté a mi amigo por su ONG, sus niños, y particularmente por Alex.

—¿Alex? Sí, ya me acuerdo, el niño prodigio; el que te impactó tanto.

—Ese. ¿Qué ha sido de él?

—Alex está internado en un reformatorio, lo que aquí se considera una cárcel de menores.

—¿Por qué? ¿Qué le ha pasado?

—Por desgracia, lo mismo que a muchos otros. Malas compañías, drogas, alcohol, dinero fácil... Hay mafias especializadas en reclutar a este tipo de niños.

—¡Hijos de mala madre! ¡Malditos! Se aprovechan de la miseria y el infortunio de estos pobres.

—Y de la inacción y la indiferencia de otros muchos.

—¿Qué quieres decir?

—Vivimos en una sociedad injusta, arbitraria, desigual, en Iberoamérica especialmente. Si todos arrimáramos un poco más el hombro...

En ese instante reviví la mirada perdida en el vacío, colgada de un limbo, enfrentada a un abismo de incertidumbre y desesperación con la que dejé a Alex hace siete años. Alex era un chavalín de nueve años, con toda su vida por hacer, con virtudes y talentos maravillosos que explotar. Solo faltaba que alguien le echara una mano, que un alma buena le acompañara hacia una vida mejor. Él tuvo por un instante, un día, la sensación de disponer de esa mano amiga.

El día se fue, el instante pasó, la mano amiga marchó, y con ella toda esperanza de Alex para esa vida mejor. Esa mano amiga fui yo.

ESCUELAB[7]

Escuelab nació en 2013 de la mano de un equipo multidisciplinar formado por destacados investigadores con amplia experiencia internacional y formación en comunicación de la ciencia, pedagogos y artistas, todos ellos con un fuerte compromiso social. En Escuelab les preocupa la falta generalizada de cultura y vocaciones científicas en España, por lo que aspiran a facilitar el acceso a una educación científica práctica e interactiva, y de esta forma fomentar las vocaciones investigadoras entre los escolares españoles.

Su equipo de reconocidos científicos formados en las mejores instituciones internacionales diseña materiales educativos adaptados al nivel cognitivo de los niños. Su personal con formación superior científica y experiencia docente e investigadora implementa estos materiales en espacios de aprendizaje guiado basados en la investigación.

En Escuelab contribuyen al desarrollo de la autoestima de los niños y enfatizan la formación en valores y habilidades que trascienden lo académico como la proactividad, la gestión de la frustración, la creatividad, el trabajo en equipo y las habilidades comunicativas.

El proyecto se articula en torno a dos entidades: Escuelab Innovación Educativa S.L. y la asociación sin ánimo de lucro Escuelab, a través de la cual se canaliza el programa de becas para asegurar que cualquier niño pueda dis-

---

7   https://www.escuelab.es

frutar de sus actividades, independientemente de su nivel socioeconómico. Mediante estas becas se facilita la formación de niños en riesgo de exclusión.

ENTREVISTA A CRISTINA BALBAS Y FERNANDO GARCIA-LAHIGUERA, presidenta y socio de Escuelab respectivamente

IAM   **Cristina, ¿cuál es tu historia personal antes de iniciar Escuelab?**

CB   Yo vengo del mundo de la investigación. Desde pequeña había tenido una vocación muy fuerte por las ciencias, por pura curiosidad, por saber cómo funcionaba todo, por entender los fenómenos a mi alrededor. Para mí, esos son temas de infancia que relaciono con algunos momentos especiales como por ejemplo recibir un microscopio de juguete por Reyes.

A partir de ahí, he ido teniendo diferentes experiencias educativas. A los quince años me dieron una beca para estudiar Bachillerato Internacional en el Colegio del Mundo Unido de Hong Kong. La experiencia personal fue muy transformadora pues convivía con chicos y chicas de 80 nacionalidades; de Burgos a Hong Kong en cuestión de unas horas. Era el 2004, yo tenía dieciséis años. En Burgos no había metro, en Hong Kong sí; yo alucinaba. Fui con mi inglés básico de instituto público de hace catorce años, gramática básica bien, algo de vocabulario y soltura cero. Los tres primeros meses fueron de adaptación, no me enteraba de nada.

IAM   **El salto fue tremendo para ti, claro.**

CB   Tuve la suerte de ir a un instituto público que fue el primero en implementar el Bachillerato Internacional en Castilla y León. En el colegio de Hong Kong ponían mucho énfasis en la parte de servicio y voluntariado social dentro del Bachillerato Internacional. Esa experiencia me abrió muchas puertas después. Marcó mi trayectoria posterior en lo académico pero también en cuanto a tener iniciativa, darme cuenta desde muy joven de que tenía la capacidad de poner en marcha un proyecto, sacarlo adelante y que fuese algo con impacto.

El primer año no se ofertaba español como lengua extranjera, pero el segundo se empezó a ofrecer porque había demanda. Varios alumnos latinos y españoles decidimos que podíamos ayudar a otros estudiantes y creamos el club de español. Hacíamos los deberes con ellos, les dábamos conversación y nos planteamos ir a colegios públicos de la zona. Montamos un programa después de clase con chavales de diecisiete años interesados en aprender español. El sistema y los profesores de mi colegio en Hong Kong estaban orientados a que tú te dieras cuenta de tus propias capacidades y posibilidades. Si tenías una idea, ellos te apoyaban y explicaban qué pasos dar para ponerla en marcha. Tú te encargabas, tú tomabas las riendas.

IAM   El emprendimiento y lo social estaban ya en ti en ese momento. ¿Son cosas que se tienen o no se tienen?

CB   Se tienen o no se tienen hasta cierto punto, pero el contexto importa mucho. Si yo no llego a pasar por ese centro y hago el Bachillerato español normal, mi carrera hubiese sido mucho más adocenada, siguiendo el camino trillado.

FGL   Yo creo que el contexto ayuda, pero lo que marca la diferencia son tus intereses personales, tu forma de entender el mundo, y en esto tu entorno más cercano influye desde que eres pequeño.

IAM   ¿Qué valores hay detrás de toda esta iniciativa vuestra?

FGL   El valor clave que perseguimos es el de la igualdad social, democratizar el acceso a la ciencia en entornos muy vulnerables. Niños en barrios pobres de los cuales la ciencia está muy alejada.

IAM   ¿En el sentido de igualdad de oportunidades?

CB   Por un lado está la igualdad social y de oportunidades, pero también la gratitud. *Giving back,* que dicen los ingleses. Devolver a la sociedad lo que la sociedad te ha dado; desde los voluntarios que estaban en los comités que concedían las becas a las que yo accedí hasta el filántropo que ponía el dinero con el que se financian esas becas.

IAM   Porque tú tenías una carrera académica muy prometedora, ¿no?

CB   Sí. Primero conseguí la beca de Hong Kong. Luego obtuve otra beca para estudiar en Princeton Biología Molecular. Más tarde entré en el CNIO (Centro Nacional de Investigaciones Oncológicas), también con un sistema de becas. A partir de ahí decidí hacer el doctorado con buenas publicaciones. Me concedieron el doctorado *suma cum laude* con premio extraordinario. Todo indicaba que si seguía conseguiría un post-doctorado en un sitio chulo.

IAM **¿Y cuándo te das cuenta de que tu futuro no pasa por desarrollar una carrera científica o académica?**

CB Fue un poco por accidente. Empecé a meterme en las actividades de divulgación de la ciencia en el CNIO («*la Noche de la Ciencia*», «*la Semana de los Investigadores*»). Con unos amigos del mismo centro nos dimos cuenta de que se nos quedaba un poco corto, no solo a nosotros sino al público interesado. Había mucha demanda no cubierta. Eran actividades de una vez al año, se abrían 50 plazas y se llenaban en los primeros cinco minutos. Mucha gente con inquietud se quedaba fuera.

Ese es el problema inicial que identificamos, una necesidad que no se estaba cubriendo. Decidimos, con otros estudiantes de doctorado del mismo centro, diseñar un taller sobre cáncer en el poco tiempo libre que nos quedaba. Nos dimos cuenta de que faltaba dar un paso más, llevarlo un poco más allá. La idea era ir a los coles de la zona a darles nuestro taller sobre cáncer. Queríamos hacer un vídeo explicativo pero hacían falta recursos. Íbamos reclutando amigos para que nos ayudaran, cada uno desde su conocimiento y experiencia. La primera ayuda financiera nos la dio el programa Think Big de la Fundación Telefónica, que nos dio 400 euros. Entre todos montamos el vídeo, con la colaboración de mis amigos de Burgos que estaban en Madrid.

IAM **¿Hace cuánto de esto?**

CB Era el 2013. Nos lo pasamos pipa. Me encantó estar en ese proyecto. Lo siguiente fue tratar de convencer a los colegios públicos de la zona de que nos dejaran dar ese taller gratis. La primera dificultad era conseguir un interlocutor. Lo siguiente fue tratar de que se concretara en algo. El arranque es difícil porque no tienes ningún tipo de reputación construida. El cuento ahora ha cambiado, tras una trayectoria y una reputación establecida. Gracias a esta primera iniciativa empezó a rodar la rueda.

IAM **Así que, dada la buena experiencia, decides dar el salto y crear Escuelab.**

CB Sí. Ahora con cierta perspectiva me doy cuenta de que siempre me han gustado la ciencia y la investigación, pero también la comunicación. Yo me había planteado dedicarme al periodismo científico. Me motivaba trasladar lo que yo estudiaba, que me parecía apasionante, y explicárselo al público en general. La parte docente siempre me atrajo; estar a caballo entre la divulgación y la educación.

FGL En ese momento se creó la asociación sin ánimo de lucro, Escuelab, bajo un esquema totalmente voluntario y gracias a un grupo de amigos científicos. Empezaron dando talleres por colegios en zonas desfavorecidas de Madrid y de ahí surgió la idea de democratizarlo, de llevarlo a barrios pobres donde los niños tienen menos acceso aún a actividades de ciencia y es por tanto más difícil que les surja ningún tipo de inquietud o vocación por la ciencia.

Además, en estos colectivos las cifras de paro juvenil son tremendas, en torno al 50%, y se sabe que en el futuro cercano, donde se van a crear más puestos de trabajo es precisamente en temas relacionados con la ciencia y la tecnología, por lo que despertar su curiosidad e interés por la ciencia en edades tempranas puede marcar la diferencia.

De hecho, a todos los integrantes de Escuelab les unía una misma cosa: haber tenido en los primeros años, entre ocho y diez, una experiencia relacionada con la ciencia que les hizo «clic». En el caso de Cristina fue un microscopio de juguete que le trajeron los Reyes Magos.

Según estudios, entre el 5% y 10% de los niños que tienen acceso en esas edades a una experiencia chula de ciencia acaban desarrollando una carrera científica. El 5% si hablamos de población general, pero sube al 10% si se trata de nivel socio-económico bajo; luego hay mayor impacto en aquellos que tienen menos recursos.

CB   Entre 2013 y 2014 nuestros esfuerzos se desarrollaban en nuestro tiempo libre, picoteando de aquí y de allá. Todo cambió en 2014, cuando conocimos a Manuel Lencero y empezamos a colaborar con Unlimited. Nos dio 3.000 euros y nos puso en relación con un grupo de profesionales, incluido un mentor, que nos acompañó durante un año. Allí me emparejaron con Fernando como mentor.

IAM   Ahí es cuando tú entras en escena, Fernando.

FGL   Así es. Casi toda mi vida profesional he estado en la empresa privada, pero también he trabajado siete años para ONGs, tanto en España como en África, lo cual me permite combinar conocimientos del mundo de la empresa con necesidades e iniciativas sociales. Conocí a Manuel y esa mezcla de experiencias le llamó la atención. A él le pasaba un poco lo mismo, hicimos buenas migas: «Me tienes que ayudar». Él reúne a un montón de gente que colabora gratuitamente para apoyar proyectos jóvenes. Yo le dije que quería trabajar en temas relacionados con niños y con educación.

CB   Si no es por el empuje de Fernando no hubiera dado el salto. Quedamos a cenar en un japonés; yo había terminado mi tesis y estaba pensando en ser profesora y estudiar un máster en educación.

FGL   Yo la animé a aprovechar todo el trabajo hecho, era su sueño. Le animé a intentarlo de forma real durante al menos un año. Si iba bien, adelante; si iba mal, pues a ser profesora.

CB   Entre medias de la decisión, estuve trabajando como profesora de Robótica y en algunas extraescolares en campamentos. Eso luego nos sirvió mucho para nuestro proyecto. Por entonces me dedicaba media jornada a Escuelab, pero eso no era suficiente. Los demás socios lo iban a ir dejando al ser solo una actividad voluntaria.

FGL   Había que dar sostenibilidad al proyecto, que generase sus propios ingresos sin depender de premios y subvenciones, y en paralelo mantener la asociación para toda la acción social como por ejemplo becar a niños sin recursos. En septiembre de 2015 creamos Escuelab Innovación Educativa SL, que convive con la asociación sin ánimo de lucro Escuelab. La empresa genera beneficios y la asociación desarrolla la acción social.

      La gente que trabaja con nosotros es científica, tiene experiencia investigadora y le gustan mucho los niños. A los chavales se les plantea un reto científico divertido, se les explican unos conceptos teóricos y se les dan una serie de materiales. Los niños tienen de cuatro a catorce años, aunque el grueso está entre ocho y once, que es donde tienes más impacto.

IAM   ¿Y qué tal la experiencia hasta ahora?

FGL   Hemos conseguido que más de 10.000 niños pasen por nuestros talleres; de ellos 3.000 han sido becados. Hemos logrado que los niños vean la ciencia como algo útil y divertido y a los científicos como personas «normales», rompiendo estereotipos equivocados. Los niños se lo pasan bien y asumen la responsabilidad completa de hacer el reto que se les propone, pero no hay una solución ni respuesta correcta; el enfoque es distinto. Nadie se equivoca, no hay un resultado final; lo que hay que hacer es probar y probar. El científico está para facilitarles y guiarlos si es necesario, pero les da todo el protagonismo a ellos. Siempre hay cosas positivas en el aprendizaje. Tratamos de romper la mentalidad de «yo no sirvo para la ciencia» o «eso es para personas muy listas». Además, buscamos trabajar en valores con los niños, desarrollar su capacidad de vencer la frustración, tener pensamiento crítico, aprender de sus errores de forma positiva.

Si de los más de 10.000 con los que hemos trabajado, el 5% deriva a una carrera de ciencias, pues genial. Con el otro 95% trabajamos también la autoestima, que crean en sí mismos, que no escondan las equivocaciones, que pierdan el miedo a no hacerlo perfecto.

IAM   Tú, Fernando, pasas de ser mentor a ser socio. ¿Cuál fue tu proceso?

FGL   Eso es. A medida que fui metiéndome en el proyecto, entendí el valor de la idea y que no podía quedarse en nada por falta de recursos. Mi mujer en aquel momento, Inés, y yo le propusimos a Cris crear la SL, invirtiendo una cantidad para que el proyecto tuviera financiación durante un año y ver hasta dónde podía llegar. Había que darle la oportunidad de volar. Era una forma de apoyar un proyecto social, pero buscando que fuera rentable y autosostenible.

IAM   **¿Por qué esa conciencia social?**

FGL   Porque hay demasiados desequilibrios en este mundo, y si no ponemos todos de nuestra parte para combatirlo, la brecha se hace cada vez más grande.

IAM   **¿No hay ninguna experiencia impactante previa?**

FGL   Mi madre fue profesora y se especializó en educación especial, trabajó toda la vida con niños con necesidades especiales: síndrome de Down, autismo, etc. Siempre con una vocación de servicio absoluta. Mi padre, que era abogado, llevaba muchos casos de personas sin recursos que no podían pagar por ello. Actos de solidaridad que te marcan cuando eres pequeño.

IAM   **El ejemplo lo tenías en casa bien cerca.**

FGL   Sí. A los 30 años dejé la empresa privada y me fui a África a un proyecto de Acción contra el Hambre. Más recientemente, hasta hace un año, trabajé en Save the Children en una segunda etapa como «oenegero» en Madrid. El resto del tiempo en empresas más al uso, pero siempre con esa inquietud de hacer un esfuerzo relevante y que tenga impacto en los demás, humildemente y en la medida de lo posible. Ahora trabajo en una empresa privada y apoyo como socio a Escuelab; Cris está dedicada al proyecto a tiempo completo.

IAM   **¿Tenéis previsto vivir de Escuelab?**

FGL   Sería muy bonito, sí. Nuestro planteamiento es que la metodología Escuelab se extienda como un modelo alternativo de aprendizaje experiencial, aplicable no solo a las ciencias sino a todo el currículo escolar, a todas las asignaturas. El proyecto educativo a largo plazo consiste en crear nuestro propio colegio y ofrecer las mejoras que vayamos consiguiendo al resto de la comunidad educativa. La idea es cambiar la educación, la forma en la que enseñamos y formamos a los niños. Por eso nos llamamos así, Escuelab Innovación Educativa.

CB   Los padres y profesores de nuestros niños nos dicen que les ven más autónomos, más independientes, más capaces de convivir y de gestionar conflictos después de pasar por nuestros campamentos.

FGL   El problema es que los niños están muy robotizados. En nuestros talleres les animamos a pensar y decidir por sí mismos.

IAM   El drama es volver luego a la clase tradicional.

CB   Para escalar nuestra metodología y tener impacto es muy importante formar al profesorado, sobre todo de primaria. Muy a menudo es el propio profesor de primaria el que supone la barrera para esta metodología porque no se atreve a probarla por falta de conocimientos científicos. Nuestra idea es compatibilizar esta formación a los profesores en los colegios con tener nuestro propio centro educativo como taller de pruebas para formar a los niños. Ahora estamos desarrollando la formación *online* para profesores.

IAM   También tenéis programas con discapacitados de la ONCE.

CB   Eso forma parte de la pata social. Hemos creado un programa de becas con la ONCE para niños con discapacidad para nuestros campamentos de verano. Son niños que se mezclan con los demás niños sin discapacidad. Es una experiencia educativa para todos.

FGL   Hay niños que te dan lecciones alucinantes. Uno de ellos, ciego de un ojo y con solo un 10% de visión en el otro, nos dio una de las mayores alegrías que hemos vivido en los campamentos. Nosotros apenas notábamos su ceguera; desarrollan de tal forma otras capacidades que su problema pasa desapercibido, pero lo que consiguió fue alucinante.

CB   Este niño, casi ciego, veía luces y sombras cercanas. Él tenía el concepto de las estrellas, pero no una referencia clara de lo que eran. Se nos ocurrió combinar un láser tremendamente potente con unos prismáticos y para este niño fue el «momentazo»; ¡vio una estrella por primera vez en su vida!

IAM   Vuestra relación ha sido y es muy especial. ¿Qué habéis sido el uno para el otro?

CB   Fernando fue quien me dio el empujón necesario. Es mi compañero en este viaje del emprendimiento social, con una calidad humana y un conocimiento del mundo de la empresa que ha sido fundamental.

FGL   Cris ha sido la persona que me ha ayudado a canalizar mis inquietudes por la educación y por los niños. Brillantísima, capaz de dejarlo todo, la vida fácil, por un sueño. Con un nivel de trabajo como no he encontrado nunca, con un sentido de la responsabilidad enorme y una honradez brutal. Ella combina muchas cualidades que para mí eran muy importantes y tengo en ella una confianza ciega.

IAM **¿Y qué es para vosotros Escuelab?**

FGL Un proyecto para niños hecho con el corazón y un precioso sueño de mejorar la educación a nivel global.

CB Para mí es la mejor forma de canalizar mis dos pasiones: los niños y la ciencia. Y aunque yo peco de prudente y Fer es el que empuja, también miro hacia adelante y me digo: «los límites no existen, no te los pongas tú».

IAM **¿Algún consejo para gente con inquietudes similares a las vuestras?**

CB Cuando se presenten las dudas y los miedos, pensar en positivo, creer en uno mismo y esforzarse. Darse la oportunidad de soñar y decirse «¿y por qué no?». Yo he venido aplicándolo toda mi vida, especialmente desde Hong Kong.

Rodéate de gente buena y que te complemente, ya sean socios, mentores, compañeros de equipo. En cualquier proyecto, lo más importante son las personas que lo ponen en marcha y lo hacen funcionar.

FGL Cree en ti mismo, da el paso y hazlo acompañado. Hacerlo solo es más duro y limitado. Además, si te equivocas no hay nada irreversible. Ante la duda, prueba, atrévete. El error forma parte del aprendizaje. «El que más se equivoca es el que más aprende», les decimos a nuestros niños. Mi padre siempre decía algo que yo de pequeño no era capaz de entender pero que de mayor me ha sido muy útil: «No te preocupes demasiado, toda decisión es la penúltima».

FARMIDABLE

LO RURAL Y TRADICIONAL UNIDO A LO DIGITAL, CON HONESTIDAD Y TRANSPARENCIA

No hagas a los otros lo que no quieras que te hagan a ti es uno de los principios más fundamentales de la ética. Todo lo que hagas a otros te lo haces también a ti mismo.

Fernando Sabater, *Ética para Amador*

Las palabras verdaderas no son elocuentes; las palabras elocuentes no son verdaderas. Los sabios no precisan probar su opinión; quienes precisan probar su opinión no son sabios.

Lao Tse, *Tao Te Ching*

Nuestras acciones dependen del poder de nuestras narrativas.

Rafael Echeverría, *Ontología del lenguaje*

LO LOCAL ES IMBATIBLE

«Invertir más en la economía verde puede promover un futuro del trabajo integrador, ya que la degradación del medioambiente afecta de manera desproporcionada a las poblaciones vulnerables y a los países de bajos ingresos. Grandes oportunidades de inversión e innovación están aún por surgir en el ámbito de la energía renovable y la construcción y el acondicionamiento medioambientalmente sostenibles, con importantes repercusiones en términos de creación de empleo y readaptación profesional. Las microempresas y las pequeñas y medianas empresas son aliados especialmente importantes a la hora de concebir adaptaciones locales al cambio climático.

La economía rural emplea a más de dos de cada cinco trabajadores del mundo. Muchos viven en la pobreza y la informalidad y dependen de la agricultura a pequeña escala para su sustento. Sin embargo, la inversión estratégica en la economía rural ha quedado rezagada. Revertir esta tendencia y lograr el trabajo decente y sostenible requiere de medidas urgentes. Entre ellas figuran el fortalecimiento de los derechos de titularidad de las tierras, el empoderamiento de las mujeres, la mejora del acceso al crédito y a los seguros, y el establecimiento de medidas para lograr precios justos y estables de los productos agrícolas en aras de la seguridad alimentaria»[8].

Si somos lo que comemos, quizás algunos deberíamos cuidar un poco más nuestra dieta y con ello atender otras necesidades sociales y medioambientales. Los productores locales, pequeños negocios familiares en su mayoría, son el vestigio de unos tiempos en los que la naturaleza y la so-

---

8 *Trabajar para un futuro más prometedor*, Comisión mundial sobre el futuro del trabajo, Organización Internacional del Trabajo, 2019.

ciedad iban más de la mano. Pesticidas, conservantes, colorantes y demás artificios no forman parte de la oferta de estos agricultores. Nuestra salud lo agradece y la del planeta también. Las formas alternativas de producir y distribuir alimentos (mercados de agricultores, fincas biodinámicas...) son una maravillosa excusa para recordar nuestro vínculo con la madre Tierra y enseñar a nuestros jóvenes qué importante es cuidar el hogar en el que todos vivimos.

El producto local es producto de temporada, recolectado pocos días antes de ser comprado y por ello más fresco, con más sabor y más nutrientes. Normalmente, el comprar producto local, al estar más cerca, conlleva un ahorro de transporte, una menor emisión de gases contaminantes, y por tanto un menor impacto en el cambio climático. Paisajes autóctonos, biodiversidad, preservación de especies vegetales y animales son otros de los muchos beneficios derivados de conservar el ámbito rural local. El cultivo ecológico ayuda a mantener la fertilidad de la tierra.

Consumir productos locales contribuye a la prosperidad de zonas que de otro modo estarían condenadas al abandono y la desertización. Las economías locales se nutren de pequeños productores y agricultores que hacen de sus producciones un modo de vida. El desarrollo sostenible pasa porque el campo no se abandone en perjuicio de unas ciudades superpobladas y contaminadas con índices crecientes de paro, especialmente entre la población joven.

El consumo de productos locales suele ser más racional y responsable, reduciendo residuos y desperdicios, embalajes y plásticos, que tanto dañan el medioambiente. Esta sociedad, llamada de consumo, nos invita a hacer algo por encima de nuestras necesidades reales para que, artificial y ficticiamente, nos sintamos mejor: consumir. Un consumo consciente, sostenible y racional apuesta por la calidad más que por la cantidad, y en ese sentido lo local es imbatible.

FARMIDABLE[9]

Farmidable compra producto de proximidad, fresco y orgánico, directamente de pequeños productores. En Farmidable se preocupan por la salud del consumidor y respetan el medioambiente y a los animales. El objetivo es que productores y consumidores se den la mano y recuperen su conexión.

Detrás de Farmidable hay una filosofía de vida orientada a la felicidad que intenta trasladar al día a día de las personas que ahí trabajan. En Farmidable se defienden valores como la transparencia y la honestidad. Se anima a la gente a comer saludablemente, apreciando sabores auténticos, mientras cuida y protege su entorno. Se apuesta por el cambio y el impacto social de un modelo de negocio sostenible y responsable que promueve la comida de calidad.

El moderno modelo de distribución de Farmidable contribuye a un mundo mejor y más equilibrado. El consumidor hace su pedido *online*, añadiendo en la cesta todo lo que desee, y finaliza su compra indicando dónde la recogerá o si desea envío a domicilio. El pedido se envía directo al productor. Los alimentos son frescos, elaborados, recolectados y preparados 24 horas antes del día de recogida. Los productores traen sus productos y los clientes los recogen en algún FarmiHub o los reciben en casa cómodamente.

---

9   https://www.farmidable.es

ENTREVISTA A ALBERTO PALACIOS,

presidente y fundador de Farmidable

IAM **¿Cómo empieza tu historia, Alberto?**

AP En los años 90, acabando mi carrera de Sociología y Ciencias Políticas, mi primera mujer y yo empezamos a trabajar en el ámbito de la Socioterapia y la Pedagogía Curativa de Steiner, con la pedagogía Waldorf aplicada a jóvenes discapacitados. Se hacía una labor terapéutica brutal vinculada a las granjas biodinámicas. Era impresionante comprobar cómo se integraban estos chavales realizando labores rutinarias en estas granjas.

En el año 92, después de tener un par de experiencias en granjas biodinámicas de Alemania e Inglaterra, nos salió un programa de agricultura ecológica y desarrollo rural con discapacitados. El proyecto tuvo lugar en un pueblo abandonado de Soria, Navapalos. Un arquitecto alemán utilizó los recursos naturales de la zona para construir ese pueblo y además creó un sistema de interrelación con otros pueblos de alrededor, dando empleo a discapacitados o personas necesitadas de cuidados especiales, como él las llamaba.

En este entorno estuve trabajando durante cinco años, colaborando con una ONG. En este tipo de contextos te puedes acabar quemando rápidamente: las estructuras no están bien configuradas, no hay una idea real de lo que implica un desarrollo organizacional... Así que decidí adquirir experiencia en el mundo de la empresa. También hice un máster de Dirección en Marketing en ESIC.

IAM **Ahí es cuando comienzas tu carrera en el mundo de la publicidad.**

AP Así es. Hace catorce años, mi socio Pablo y yo, que aún seguimos juntos, fundamos una agencia de publicidad. Yo no duraba nada en empresas trabajando por cuenta ajena: cumplimiento de objetivos, presión absurda, poco cuidado de las personas, todo muy ajeno. En 2004 me cruzo con Pablo en una empresa de tecnología y conecto con alguien que me resulta diferente a lo que me había encontrado. Alucinaba de la frialdad reinante en los ambientes de trabajo donde había estado hasta entonces: tenía que justificar a dónde iba en cada momento, hacía reportes absurdos. «¡Tío, que soy padre!».

De ahí surge Fourone, nuestra agencia de publicidad. Conectábamos avances tecnológicos a herramientas de marketing. Durante doce años trabajamos con clientes de primer nivel; llegamos a tener treinta empleados.

IAM **¿Qué tal el mundo de la publicidad?**

AP La publicidad es ingrata porque el cliente, que es el que paga, te obliga a hacer las cosas como él quiere, no como tú desearías. Perdimos clientes por no estar de acuerdo y no estar en sintonía. Ahí ya teníamos destellos de honestidad, en el sentido de no trabajar en aquello que no creíamos. Por código ético propio, no trabajábamos ni en casinos *online*, ni en pornografía, y podíamos haber sido millonarios con ese tipo de productos.

Después de doce años teníamos claro que no queríamos seguir en ese mundo. Yo había trabajado antes con una granja ecológica para comercializar sus yogures y sus quesos, higos, cabritos. Iba a las ferias de cultura con ellos. Yo ahí disfrutaba: estar en el campo, ver parir a los cabritos.

IAM **Así que decidisteis dar el salto.**

AP Sí. En 2014 hicimos el primer *exit* de la agencia y se la vendimos a un grupo empresarial que buscaba rentabilidad a costa de todo. Aguantamos dos años. En 2016 ya teníamos nuestro proyecto Farmidable, entonces se llamaba Viridiana.

Pensamos en crear un canal alternativo en colaboración con los proveedores. A todos los que les comentábamos la idea nos animaban a llevarla a cabo. Estábamos en contacto con una organización de discapacitados de Pozuelo y nos propusieron establecer un protocolo de formación para su integración. La mujer de Pablo nos facilitó el contacto con la gente de Cruz Roja. Con ellos hablamos de emprendimiento social, para dar oportunidades a la gente que ellos formaban.

En marzo de 2016 empezamos a desarrollar el proyecto. Validamos la idea con la Bolsa Social, que impulsa iniciativas de impacto social, y con Triodos Bank, banca ética. El primer piloto lo hicimos con el colegio Zola de Las Rozas, en Madrid. Allí iban los hijos de Pablo.

IAM **¿Cuál es la esencia de vuestro proyecto?**

AP Más allá de consumir producto fresco, recién cosechado, sin pesticidas, con una crianza y un cultivo sostenibles, lo que queremos inculcarle al consumidor es que fomentamos a productores locales, que no venden a la gran distribución porque no quieren sentirse estrujados por los márgenes y los tiempos que la gran distribución maneja. Vendemos un producto artesano, que se cría y se transforma en unas condiciones óptimas, donde se respeta el medioambiente, donde los empleados trabajan en condiciones dignas. Estamos a punto de ser Empresa B-Corp.

IAM ¿Cómo funciona vuestro sistema de distribución?

AP Buscamos puntos de conveniencia para la distribución, con un servicio de entrega sostenible. Llegamos a acuerdos con empresas y con centros educativos para que las familias recojan sus pedidos a la vez que recogen a sus hijos o salen del trabajo. A los productores los captamos en los mercados locales de Madrid y en las ferias de biocultura. El servicio de entrega lo hacemos en una furgoneta de gas, reduciendo el impacto de CO_2. Cuantas más personas hay a las que llegamos y concienciamos, más personas contratamos con un empleo digno.

IAM ¿Y cómo os financiáis?

AP Queremos captar inversión de impacto, atraer a inversores que buscan algo más que una rentabilidad inmediata. Inicialmente recaudamos 100.000 euros con la Bolsa Social a través de un sistema de *multicrowd funding*, en el que la gente que aportaba dinero se convertía en socio partícipe del proyecto. Conseguimos 36 socios partícipes, todos particulares. También optamos al programa Crece de Unltd, que nos dio visibilidad como organización y un impulso a los socios que habíamos apostado por la idea. En otra ronda de financiación con la Bolsa Social, recaudamos otros 250.000 euros, con 40 socios partícipes más. Con ella apostamos por un cambio de tecnología, una plataforma más robusta y un *hub* central para integrar mejor a los productores. Ahora iremos a otra ronda de financiación que nos ayude entre otras cosas a tener una plantilla con mayor cualificación y experiencia, especializada en áreas como el marketing digital, el e-*commerce,* compras de producto fresco, logística. Pablo y yo necesitamos seguir mostrando nuestro proyecto para que crezca.

IAM **¿Cuál es vuestro margen?**

AP El 21%. Vamos a un modelo de economía justa. El productor cubre sus costes y nos marca su precio; sobre eso nosotros ponemos nuestro 21%.

IAM **¿Qué diría uno de vuestros productores locales de vosotros?**

AP Te voy a leer un mensaje que nos envió uno de ellos, a raíz de una acción con Europe Assistance y sus clientes VIP. Este productor se llama Despelta y es agricultor de cereal y harinas ecológicas:

«Muchas gracias a Farmidable, pues es un proyecto real que hace lo que dice. Para Despelta está siendo una palanca en la comercialización y nos está sirviendo para consolidarnos como empresa del mundo rural en un mundo global. Alberto, tu tesón y perseverancia nos llenan de éxitos a muchos otros. Seguid en este camino».

IAM **¿Tienen algo en común vuestros productores?**

AP Son gente auténtica, de una pieza, sin filtro, transparente total, maravillosa; con ellos no tienes que andarte con rodeos ni con tapujos.

IAM **¿Cuáles dirías que son tus valores y cómo conectan con Farmidable?**

AP La vida o el destino han puesto en mis manos este proyecto para poner en marcha lo que tanto pregonaba y aclamaba a los cuatro vientos: honestidad, ética, transparencia, humanizar las relaciones en las empresas. Como dicen nuestros productores: «lo que tú me digas». Todo esto se lo trasladamos también al consumidor. Esto es pura naturaleza y naturalidad.

Queremos ser auténticos en nuestro discurso, hacer lo que decimos. Es maravilloso que personas de fuera nos lo confirmen. La gente lleva pidiendo naranjas y mandarinas desde agosto, pero las naranjas y las mandarinas son de invierno. Unas uvas que no están para la venta, por razones climatológicas, pero siguen estando buenas, las ofrecemos pero sin cobrarlas. La gente ensalza lo bueno, no solo critica lo malo.

Dentro de este mundo digital, estamos consiguiendo que confíen en nosotros para productos de cesta básica y de primera necesidad. Hemos saltado una barrera, la de tocar el producto, y nos creen sin necesidad de ese contacto. Estamos uniendo lo básico, lo natural y lo tradicional, con lo digital; lo local, rural y ecológico, con lo global.

IAM **¿Qué consejo les darías a otros con inquietudes similares a las vuestras?**

AP Para emprender necesitas tener una genética un poco especial. No todo el mundo es emprendedor. Al emprendedor hay poco que decirle, el que lo es, lo es; es una lucha continua. Es gente que decide dejar la zona de confort y entrar en una zona mágica, donde cada día es diferente, disfrutas del aquí y ahora, del momento, porque mañana no sabes lo que te va a traer. Puedes proyectar y visualizar, pero tienes que estar muy alerta a lo que sucede cada día. Eso es maravilloso y tienes que saber vivir con ello.

A la gente con este tipo de ilusiones y proyectos hay que animarla. «¡Ánimo!, hacia delante, esto no es ver para creer, sino 'cree y verás'». Si tú no te crees lo que estás vendiendo, eso se nota. El tesón y la energía se sienten. Hay que creer.

IAM   Otra de vuestras prioridades es trabajar con colectivos en riesgo de exclusión, ¿cierto?

AP   Sí. Colaboramos con entidades como Cruz Roja o la fundación Capacis, especializada en mujeres de más de 45 años en riesgo de exclusión.

Yolanda García, una gran profesional que trabaja con nosotros, es un buen ejemplo del gran resultado que nos está dando esta política de empleo. Conocimos a Yolanda en un proceso de selección en colaboración con la Cruz Roja. De ella nos llamó la atención su actitud; no paró de reír. Conectamos muy bien con ella. Simulamos con los candidatos la operativa de una de nuestras tiendas. Yolanda demostró ganas de aprender y de querer hacer. Ella llevaba parada mucho tiempo porque había interrumpido su carrera profesional como secretaria por cuidar a sus hijas. Se sentía descolgada. Por eso se incorporó a la Bolsa de empleo de Cruz Roja. Ahora es alguien brillante dentro de la organización y nosotros estamos muy agradecidos de que esté aquí. Está muy contenta.

ENTREVISTA A YOLANDA GARCIA,

coordinadora de entregas de Farmidable

IAM   La entrevista contigo surge a raíz de la que tuve con Alberto. No paraba de mencionar tu nombre; estuviste presente en nuestra con-

versación desde el primer momento. Así que Alberto y yo decidimos que sería muy bueno incorporarte en este relato.

YG   A mí me pasa también. No soy capaz de desconectar de Farmidable e igualmente no dejo de tener en mi cabeza a Alberto y a Pablo.

IAM   Es un proyecto tan especial que lo llevas contigo a todas horas.

YG   Esto lo hace la gente. Yo lo vivo desde dentro y estoy muy habituada, pero este proyecto merece la pena por las personas que están dentro. Tanto Pablo como Alberto consiguen que forme parte de todos los que estamos aquí. Desde el minuto uno fue como un flechazo; Farmidable y yo teníamos que estar juntos.

IAM   ¿Cuál era tu situación antes de llegar a Farmidable?

YG   Yo soy madre de dos niñas, de 20 y 21 años a día de hoy. Llegué a Farmidable hace dos años y llevaba cuatro sin trabajar. Antes tenía trabajos esporádicos, medias jornadas, para poderlos compaginar con mi condición de madre y esposa. En la última empresa en la que estuve sufrí los recortes como consecuencia de su mala situación económica.

Soy auxiliar administrativo. En un determinado momento comencé un periodo de reflexión y me di cuenta de que lo que a mí me iba era la atención al cliente. Era como una relación de amor y odio; se me daba muy bien pero no me gustaba.

Después de ese tiempo de reflexión, empecé una búsqueda activa de empleo, mandando el currículum, etc. En esos cuatro años sin trabajo, solo me llamó una persona para trabajar como autónoma. La sensación que tenía era de como si no existiera.

IAM   **El desierto, ¿no?**

YG   Sí, el desierto total. Hacía algún curso, me planteaba cosas nuevas que hacer... Entonces apareció la Cruz Roja. Era el final de 2016 y me estaba separando de mi pareja. En enero de 2017 es cuando se empieza a mover todo.

Me propuse hacer voluntariado en la Cruz Roja, porque no tenía nada. Quería empezar a moverme de alguna forma, por lo menos para tener un futuro. La idea era salir de casa, ocupar mi tiempo y tener la posibilidad de conocer a gente. Me apunté a la Bolsa de Empleo de la Cruz Roja, realicé algún curso y, por casualidad, cuando voy a tener la entrevista para el tema del voluntariado, me topo con la orientadora que me habla de una oferta como reponedora. Yo dije que adelante; no tenía nada que perder.

La primera entrevista la tuve con Cruz Roja de Madrid. Me lo pasé genial, fue muy divertido. Eran unas dinámicas de grupo; no parecía una entrevista como tal. Me había apuntado a la vez para dar clases en cursos de yoga. La entrevista con Farmidable me coincidió con la del curso de yoga y yo lo interpreté como una señal.

Una vez que nos dieron información sobre Farmidable para que conociéramos un poco el proyecto, llegó el día de la entrevista. Yo fui muy tranquila porque tenía claro que iba a entrar. Cuando conocí a Alberto y a Mónica, una compañera que ya no está, confirmé que era yo la que iba a estar ahí. No sé por qué. Los conocí y los vi muy naturales.

IAM   **¿Qué edad tenías entonces?**

YG   47.

IAM   **Y ahí empieza tu trayectoria en Farmidable**.

YG   Me incorporé para hacer entregas en los coles, media jornada, cuatro horas al día. No lo había hecho nunca pero yo notaba cómo aquello fluía. Alberto me decía que parecía que lo había hecho siempre.

Tenía claro que no quería volver a una oficina. No quería hacer lo que había hecho antes. La situación que estaba viviendo me llevaba a otro sitio y tenía que descubrir a dónde.

IAM   **¿Y qué es lo que descubres?**

YG   En ese momento acepto que se me da muy bien la relación con las personas. Mi vida anterior era la de una Yolanda que iba por un sitio mientras la «Yolanda real» iba por otro. En el instante en que me incorporo a Farmidable, las «dos Yolandas» se juntan en una y me doy cuenta de que yo era todo eso. La relación con la gente me salía de forma natural. A mí no me salía un discurso formal de proveedor a cliente; el mío era más del tipo «yo soy una persona como tú, compro como tú y te puedo transmitir lo que veo y lo que vivo. Si eso te vale, perfecto, y si no pues no pasa nada».

IAM   **¿Por qué antes existían «dos Yolandas» que no convivían muy bien?**

YG   No sé; supongo que son las cosas que te pasan a lo largo de la vida. Mi madre murió hace diez años, y eso para mí fue todo un revolcón. Decidí que me tenía que buscar y eso hizo que me acabara encontrando. Me empecé a sentir segura de lo que era. «Yo te aporto lo que soy».

IAM   **El proceso después de lo de tu madre, ¿fue largo?**

YG   Sí, lo fue. Recuerdo toda esa época como una escalada, como subir una montaña durísima en la que nunca llegas a la cumbre; donde nieva, llueve y de todo.

IAM   **La Yolanda de hoy es el resultado de esa escalada, seguramente.**

YG   Sí.

IAM   **¿Tu posición hoy en Farmidable?**

YG   Soy coordinadora de las entregas.

IAM   **¿Y cómo ves tú a Farmidable?**

YG   Para mí es una forma de vida.

Yo creo que podemos aportar algo distinto a lo habitual. Hay otra manera de consumir. Yo lo vivo desde abajo. Es un proyecto pequeño con mucho empuje detrás para que se haga muy grande. La gente que lo lleva lo hace muy fácil. No se trata de crecer deprisa y corriendo. Podemos aportar otra forma de consumir, y siento que lo estamos haciendo desde la base. Vives todo el proceso, todo el mundo aporta. Además, Alberto y Pablo no son jefes, son líderes. Un líder te hace formar parte de todo esto. Yo con ellos hablo como compañeros. Todos somos iguales, porque todos somos personas y todos lo hacemos lo mejor que sabemos.

IAM   **¿Cómo ves a Alberto y a Pablo?**

YG   Son completamente distintos, pero encajan perfectamente, actúan como unidad. Llevan diez años trabajando juntos y siendo amigos, que no es fácil. Cada uno en distintos momentos me aporta algo diferente.

Cuando necesito motivación y ánimo, voy a Alberto. Cuando necesito sabiduría, voy a Pablo.

IAM **Es obvio que tienes una actitud muy positiva ante la vida. ¿Has tenido alguna vez momentos de bajón?**

YG He tenido momentos de incertidumbre, no de negatividad. Suelo ser muy tranquila. Si las cosas buenas se acaban, pienso en lo que he aprendido con ellas, lo bien que me lo he pasado, haber conocido a una gente increíble que además espero no perder jamás, porque si se han cruzado en mi camino será por algo.

IAM **Esta actitud tan positiva, ¿te viene de fábrica?**

YG Yo creo que sí, aunque no he sido consciente de ello.

Pasé por una depresión cuando lo de mi madre. Estuve en un psiquiatra y decidí que tenía que cortar con eso; no me estaba ayudando, me tenía que buscar yo la vida. Empecé a leer muchos libros, pero no estaba segura de si aplicaba correctamente sus enseñanzas. En ese momento decidí separarme de mi marido. Poco después, una amiga me comentó que todo el proceso que estaba viviendo parecía haber hecho un «click» en mí. Todo se había ordenado; empezaba a ser quien de verdad era. Por eso tomé la decisión de separarme.

Yo siempre he sido muy positiva y muy fantasiosa, como buena «piscis» que soy, igual que Alberto.

NEUROSERVEIS

APRENDER EN EL CAMINO DE LA VIDA: LA PERSISTENCIA, LA MOTIVACION Y LAS GANAS SUPLEN TODAS LAS CARENCIAS

Quien tiene algo por qué vivir, es capaz de soportar cualquier cómo.

Friedrich Nietzsche, *El ocaso de los ídolos*

El miedo es la enfermedad.

Jorge Lomar, *Ecología de la mente*

El hombre aprende con el desengaño de sus expectativas.

Friedrich Hayek

LE DEBO A LA EPILEPSIA SER QUIEN SOY[10]

Hola, mi nombre es Lía, he vivido con epilepsia nocturna desde los once años. Mi primera crisis fue mientras dormía. Recuerdo que no entendía lo que estaba sintiendo, solo sabía que algo no estaba bien, pero no podía despertar, no podía hablar, moverme, pedir ayuda o levantarme. Empecé a sentir hormigueo en todo mi cuerpo, que subía de los pies a la cabeza, y ruidos de golpes metálicos (como ruidos industriales) en mi cabeza. Por un segundo pensé que estaba muriéndome y de repente todo pasó. Me desconecté de todo lo que sucedía. Hoy entiendo que en ese momento perdí la conciencia. Desperté a la mañana siguiente sin tener claro lo que había pasado. Se lo conté a mi mamá y me preguntó varias veces si yo estaba segura de haber estado realmente despierta, porque tal vez había sido una pesadilla. Y tendría todo el sentido, porque yo no pude despertar, ni hablar o moverme hasta el día siguiente cuando amaneció.

Una semana después, mi hermana mayor (compartíamos habitación) no dormía en casa y yo sentí muchísimo miedo de dormir sola. Les supliqué a mis padres (yo ya tenía once años) que me dejaran poner mi colchón en su habitación para dormir con ellos. A media noche volvió esa extraña sensación en el mismo orden: hormigueo, incapacidad de moverme, de despertar, de hablar y los ruidos metálicos. Conseguí golpear con el pie el armario de mis padres para alertarlos y seguidamente perdí la conciencia. Mi papá es doctor y el ruido del armario le despertó; entonces me vio convulsionar. Desperté y mi mamá estaba nerviosa, caminando de un lado a otro. Mi papá me explicó que había convulsionado.

---

10   Testimonio de Lía, compartido a través de la web de MJN, 22 febrero 2019, para explicar al mundo su lucha contra la epilepsia.

De ahí en adelante empezaron las pruebas médicas. Tuve algunas crisis más y finalmente llegó el diagnóstico: epilepsia nocturna del lóbulo frontal, con crisis generalizadas tónico-clónicas; con los años he desarrollado focales. Todo sucede siempre única y exclusivamente mientras duermo.

He experimentado todas las facetas de quienes vivimos y crecemos con epilepsia: miedo, incertidumbre, desinformación, ansiedad, estigma..., pero siempre ha existido una parte de mí que me dice que le debo a la epilepsia ser quien soy, que tengo la necesidad de educar a las personas sobre esta condición para acabar con el estigma social, que muchas veces empieza por nosotros mismos en el momento de decidir callar por miedo al prejuicio o rechazo social.

Es a partir de esta necesidad que en 2018 inicié un proyecto llamado Fundepsia[11], un espacio para alzar la voz y educar a personas con y sin epilepsia sobre esta enfermedad. Actualmente cuenta con más de 2.400 seguidores en Instagram de diferentes países de Latinoamérica y algunas ciudades de España.

He creado una red de apoyo y somos una familia conformada por personas de muchas nacionalidades. Mi propósito es poner mi grano de arena en la creación de conciencia sobre esta condición y mi sueño es vivir en una sociedad inclusiva, informada, sin estigmas y libre de mitos producto de la poca educación sobre el tema. Creo firmemente que la base para combatir el estigma es crear conciencia de que la epilepsia puede aparecer en la vida de cualquier persona a cualquier edad, en cualquier momento.

---

11   https://fundepsia.wixsite.com

MJN NEUROSERVEIS[12]

En MJN todos comparten la misión de mejorar la calidad de vida de las personas con epilepsia a través del desarrollo y la aplicación de nuevas tecnologías. En MJN entienden que desarrollo tecnológico y social van de la mano y por eso destinan una sustancial parte de sus resultados a impulsar estos dos pilares: el 5% de su beneficio se destina al impulso de iniciativas sociales y el 10% de sus ventas se destina a investigación e innovación.

La presencia de MJN en el Mobile World Congress 2019 les ha permitido ayudar a muchas personas a visibilizar y tomar conciencia de la importancia de la lucha por eliminar el estigma que aún hoy sufren las personas con epilepsia. Diferentes personalidades políticas, entidades y medios de comunicación han conocido cómo su proyecto trabaja para mejorar la vida de las personas que sufren esta enfermedad.

La Comisión Europea financia a MJN Neuroserveis dentro del programa SME Instrument Horizon 2020. Este programa es un mecanismo promovido por la Comisión Europea para dar apoyo a aquellos proyectos innovadores que tengan la ambición de crecer, desarrollarse e internacionalizarse. MJN está desarrollando el primer dispositivo portable diseñado para evaluar de manera continua el riesgo de crisis de epilepsia a través de la actividad del cerebro. MJN tiene como objetivo final poder lanzar una señal de aviso antes de una crisis para evitar accidentes. Esta solución es única en el mundo.

MJN también ha presentado su proyecto en el CES 2019 de Las Vegas, uno de los congresos electrónicos más importantes del mundo. Esto ha sido posible gracias al European American Enterprise Council, que los ha elegido como un proyecto con potencial para ser implementado en los Estados Unidos.

---

12   www.mjn.cat

ENTREVISTA A SALVA GUTIERREZ,
cofundador de **MJN** Neuroserveis

IAM ¿Cuál es el origen de vuestro proyecto?

SG Nuestro proyecto comienza porque uno de nuestros fundadores, David, tiene una hija con epilepsia fármaco-resistente. Él explica que de pequeño siempre tenía que llevar a su hija de la mano. En cualquier momento podía tener una crisis, caer y darse un golpe.

De esa experiencia personal surge la idea de poder avisar a las personas con epilepsia de la llegada de la crisis justo antes de que esta se manifieste y sea demasiado tarde. Con ello, tanto la persona afectada como las de alrededor ganarían enormemente en su calidad de vida.

David une a su condición de ingeniero un gran conocimiento de esta enfermedad. Hace siete años nos reunió a mí, como amigo y a un ex-compañero suyo de trabajo, Xavi, que también es ingeniero, y nos explicó lo que es la epilepsia, cómo afecta a las personas que la padecen y su intención de ayudar a su hija y a más gente como ella. Ahí nació el proyecto.

IAM ¿Cuál era tu situación profesional entonces?

SG El grupo de empresas de mi familia estaba en plena reestructuración y yo me estaba planteando qué hacer con mi vida. Cuando David me comenta su idea, yo honestamente he de decir que no lo veía como un proyecto de larga duración. Pensaba que iba a durar «tres telediarios». Pensé que si nadie había sido capaz de hacerlo, por qué íbamos a poder hacerlo nosotros. No teníamos experiencia en el sector médico, aunque lo que sí teníamos era motivación. Supongo que la motivación y las ganas suplen todas las carencias.

IAM **¿Qué crees que vio David en ti?**

SG Supongo que él sabía que yo podía complementarlo. Él es ingeniero informático y en los últimos años se había dedicado al diseño de robots en el campo de la visión artificial. David tiene mucho conocimiento técnico, de gestión de proyectos, sabe cómo manejar equipos humanos en torno a la tecnología. Él era jefe de ingenieros de una multinacional. En mí vio la capacidad de buscar recursos económicos, ya que al estar al comienzo del proyecto no facturábamos nada. Xavi y él llevan más la parte técnica y yo me encargo de gestionar inversores y llevar el día a día financiero de la empresa. Ser amigos y tenernos confianza también ayuda.

IAM **¿En qué consiste vuestro proyecto?**

SG En los inicios de nuestro proyecto se hablaba de que había perros capaces de detectar las crisis de epilepsia con cierta anticipación y que los entrenan con este cometido. Lo primero que se nos ocurrió fue diseñar una nariz electrónica que pudiera detectar la enfermedad a través de la piel, glándulas de sudor, estrés de la piel... La idea era imitar la nariz de un perro. Pero esta idea la descartamos porque enseguida vimos que técnicamente no había posibilidad de hacerlo.

Sabíamos lo que queríamos pero no sabíamos cómo hacerlo. Un día nos llegó una publicación inglesa que explicaba que era posible obtener registro de actividad cerebral a través del canal auditivo. Nuestro objetivo siempre fue dar con un dispositivo que fuera discreto, portable, no invasivo, que no te estigmatizara al llevarlo. Al ser la epilepsia una alteración de la actividad eléctrica del cerebro, si esa actividad se podía recoger con un auricular en el oído, discretamente, pensamos que quizás esa era la línea buena. Decidimos ponernos a trabajar con esa hipótesis.

A partir de ahí empezamos a avanzar trabajando con nuestros técnicos desde la cocina de casa. No teníamos empresa constituida ni nada y pusimos dinero de nuestros bolsillos. Los primeros prototipos fueron muy simples y con material comprado por Internet.

Una vez que comprobamos que se podían registrar las señales eléctricas del cerebro, aplicamos la inteligencia artificial para intentar entender esas señales.

A raíz de investigar más, descubrimos que un equipo de científicos en Valencia había sido capaz de descifrar e interpretar datos del cerebro. Les comentamos nuestra idea y había una buena disposición a colaborar, pero al final el equipo de científicos se rompió. Pero eso nos sirvió para saber que se podía hacer.

En 2014 constituimos una SL y pusimos en marcha todo el proceso de diseño hasta llegar al producto final. Por entonces no conocíamos todo el ecosistema que existe alrededor del mundo emprendedor y de las *start-ups*. Descubrimos que éramos una *start-up*, con una idea, y que necesitábamos inversores para hacer de esa idea una realidad comercial. Ahí nos dimos cuenta de la dificultad de presentar y explicar un proyecto. Recibimos muchas negativas, pero al final, a base de caídas, aprendimos.

En el 2016 nos seleccionaron en un proceso con una aceleradora de Barcelona. Nos enseñaron cómo preparar y presentar el proyecto y finalmente se convirtieron en inversores. A partir de ahí pasamos de ser tres amigos con una idea loca a tener un proyecto serio, que gusta mucho, con varios premios y reconocimientos hasta la fecha y con financiación pública y privada.

IAM **¿Cómo funciona vuestro invento?**

SG No hay una medicación para cortar una crisis, porque como no sabes cuándo te va a venir no puedes tomarla. Un 70% de la gente puede controlar las crisis con una combinación de fármacos. Eso quiere decir que pueden tener una crisis al año o a los dos años, aunque esa crisis les puede provocar un accidente fatal. Hay un 30% que, tomen el fármaco que tomen, no controlan las crisis. Nuestro producto está orientado a ayudar a este 30%.

Como la crisis no la podemos parar, lo que sí podemos es cumplir otros objetivos:

Evitar accidentes en el transcurso de las crisis.

Reducir el impacto emocional que supone para estas personas de no saber cuándo van a tener una crisis. Un 50% de ellas tienen depresión o ansiedad. Su vida social se reduce muchísimo pues sienten vergüenza de que les pueda dar una de estas crisis en público. Eso significa tener cuidador las 24 horas, o no poder ir solo al baño. Hay un miedo constante en el paciente y en su entorno. Ya solo eliminando ese miedo tendríamos un impacto brutal en su calidad de vida.

Es muy difícil encontrar el mejor fármaco para una persona con epilepsia. Si es un niño, al no ser conscientes de lo que les pasa, es difícil que suministren la información necesaria a los médicos. Incluso los adultos reportan incorrectamente el 30-40% de las crisis. Nuestra herramienta puede facilitar el obtener un registro más objetivo de crisis. El aparato puede aportar un registro histórico de información de actividad cerebral del paciente.

Además, vamos a ser capaces de generar mucho *big data* relacionando hábitos de vida, circunstancias del entorno, temperatura, luz, estrés...

También nos hemos dado cuenta de que el registro de actividad cerebral es útil para tratar no solo la epilepsia, sino también otras enfermedades como alzheimer, esquizofrenia, ictus... Persiguiendo un objetivo muy concreto, sin buscarlo se nos ha abierto un abanico muy grande de posibilidades.

Nos hemos dado cuenta de que en el mundo de los dispositivos portables el cerebro es el gran olvidado.

IAM   **¿Cuándo crees que vuestro dispositivo puede ser una realidad?**

SG   Si todo va bien, a lo largo del 2019.

Estamos en proceso de obtener la marca CE de la Unión Europea para la comercialización de dispositivos médicos. También, y gracias a la ayuda del programa europeo, estamos trabajando en tres nuevos estudios clínicos de validación de nuestra tecnología.

IAM   **¿Por qué MJN?**

SG   La hija mayor de David, la que tiene epilepsia, se llama Marina, y la pequeña se llama Jana. David guardaba los documentos del proyecto en una carpeta con las iniciales de sus hijas. Luego nos comentó que le encantaría llamar así al proyecto, y así fue.

IAM **¿Tú crees que detrás de todo esto ha habido casualidad o causalidad?**

SG Es un cúmulo de casualidades, pero hemos trabajado mucho para que se hagan realidad.

IAM **¿Qué valores personales has visto en ti a través de este proyecto?**

SG Las ganas de aprender. Mi experiencia profesional anterior era en una empresa de alimentación, no tenía nada que ver con esto, pero soy un tipo inquieto, necesito motivaciones nuevas. Aquí además se ha unido el darme cuenta del impacto que podemos tener. Que nos lleguen testimonios y reconocimientos de todo el mundo. ¡Lo que estamos haciendo es la bomba, podemos ayudar a tanta gente! Tener la mente abierta y ganas de aprender cobra una dimensión superior con esto.

Hemos abierto un camino que alguien seguirá; si no podemos hacerlo nosotros, lo harán otros. Queremos que nuestro impacto tenga un alcance general, ayudar a todas las personas afectadas en todos los sentidos: seguimiento, asesoramiento... Nos gustaría dar un trato personal y un servicio complementario al producto en sí.

IAM **En los comienzos recibisteis más «noes» que «síes». Es importante saber presentar las cosas, ¿verdad?**

SG Muchas veces tienes solo dos minutos para explicar y vender tu idea. Con la experiencia, los «noes» y el *feedback* vas haciendo tu discurso, tu *storytelling*. Todo se aprende.

También es clave la persistencia, insistir e insistir una y otra vez. Muchos inversores han valorado enormemente que les hayamos presentado el proyecto varias veces después de sucesivas negativas. Según ellos, con eso demostramos capacidad de aprender, corregir y aplicar las mejoras que ellos nos sugerían, y eso está muy bien. «Si tú vienes un día y no te vuelvo a ver, ¿cómo quieres que confíe en ti? Lo más probable es que ya hayas desistido» nos decían. Esto nos ha pasado en concursos como el de Everis, que es muy importante. Nos presentamos tres veces y a la tercera llegamos a la final. Persistencia; si no lo conseguimos no será porque no lo hayamos intentado.

IAM **¿Qué diferencia hay del Salva de antes y después de MJN?**

SG Yo te diría que soy el mismo, soy yo. He aprendido muchísimo por el camino. No hay máster que nos enseñe lo que hemos aprendido con este proyecto.

IAM **¿Qué consejo le darías a gente con similares inquietudes a las vuestras?**

SG Que si tienen una buena idea, apuesten por ella. Deben ser sinceros con ellos mismos y no engañarse pensando que tienen una gran idea. Son los otros los que van a decidirlo. Hay que apostar por las grandes ideas pero desde la sinceridad con uno mismo. Si ves que te estás equivocando, déjalo estar o cambia. En nuestro caso estaba muy claro cuál era el problema y cuál la solución.

IAM **El contraste con el exterior es fundamental.**

SG Así es. Hay que validar el proyecto a cada paso. En nuestro proyecto, la gran ventaja era que esa validación la teníamos muy cerca; era la hija de David, que le hacía tener un enorme conocimiento del tema a su padre. David ha sufrido el problema a través de su hija durante catorce años.

TESTIMONIOS DE GENTE QUE HA CONOCIDO MJN

Hola, tengo 37 años y me detectaron epilepsia a los doce. Me revisaron neuro-pediatras y me hicieron toda clase de estudios, sin determinar cuál había sido la causa de mi enfermedad. Puede ser hereditaria; al parecer una hermana de mi abuela paterna la padece también. Me dieron muchos medicamentos y resulté alérgica a la mayoría de ellos.

Mi vida fue triste a partir de esa edad, entrando en la adolescencia y estudiando secundaria. Al principio se burlaban de mí por las crisis, pero con el paso del tiempo los maestros y compañeros ya sabían cómo actuar y me apoyaban. Fue difícil cuando un neurólogo me dijo que no podría hacer mi vida normal nunca más, que no podría estudiar, ni casarme, ni tener hijos; adiós al deporte, nadar, montar en bicicleta. En ese momento mi vida se acabó, se derrumbó en un instante.

Mi madre no se quedó con esa respuesta y buscó más médicos. Encontró uno que le dijo qué es lo que podía hacer y qué no. Había riesgos como el tomar medicamentos y embarazarme, el esfuerzo de estudiar..., pero lo podía hacer. Al pasar los años, mi madre me aconsejó que estudiara solo la preparatoria y que después estudiara algo relacionado con la belleza. Lo pensé y dije «no, voy a estudiar lo que yo quiero: psicología».

Terminé, me titulé; estoy casada y tengo dos hijos. Tuve complicaciones y crisis durante mis embarazos pero gracias a Dios nacieron bien. Actualmente trabajo en Recursos

Humanos en una empresa en la que me apoyan, desde hace ya siete años, compañeros y jefes.

El consejo que doy a quienes sufren esta enfermedad como yo es que luchen por lo que quieran hasta donde puedan. Que esta enfermedad o condición, como le llaman algunos, no les haga caer en depresión y busquen cómo lograr las cosas. Yo tengo epilepsia y sufro crisis cada tres a seis meses. Me desplomo, me muerdo la lengua y me lastimo cada vez que pasa, pero nadie saldrá adelante por mí y por mis hijos. Llevo quince años casada y mi esposo siempre me ha apoyado con mi enfermedad. Muchas gracias; espero que no les aburra mi historia.

«Aprender a vivir con lo que tengo». Así titularía yo mi vida. La epilepsia apareció cuando mis planes de futuro estaban en pleno auge: acababa mis estudios de bachillerato para, por fin, poder prepararme para la Policía local, mi sueño. Antes del diagnóstico, pasé muchas veces por el hospital, pues me despertaba en la madrugada desorientada y con unos dolores de cabeza horribles. Los médicos me decían que era ansiedad, pero yo por dentro sabía que algo iba mal y que lo que me pasaba no eran crisis de ansiedad. Nadie me escuchaba. Una vez llegué con el labio reventado por las mordeduras que provoca una crisis generalizada y la doctora me dijo que eso podría ser de la pastilla que me pusieron debajo de la lengua para calmarme. Un 17 de enero de 2012, recuerdo que me dormí la siesta y cuando desperté me vi monitorizada en mi habitación. Médicos y sanitarios trataban de estabilizarme y, mirando a mi madre que me sujetaba la mano, le dije con mucho miedo: «mamá, no me quiero morir».

Tengo epilepsia generalizada y mis crisis se producen en el sueño, por lo que nunca nos dimos cuenta hasta que, por casualidad, ese día mi madre pudo verme convulsionando. Por fin teníamos un diagnóstico y podrían ponerme un tratamiento adecuado. Aceptar la enfermedad se me hizo difícil y más con 18 años, con planes de futuro totalmente incompatibles con ella.

Supe salir airosamente yo sola. No compartía mis emociones con nadie porque no quería que sintieran pena o lástima de mí. El golpe más duro fue cuando el médico me dijo: «Sheila, no podrás ser policía, ni hoy ni dentro de cinco años, la tengas controlada o no». Fue lo más duro de la enfermedad. Mis ojos se inundaban por momentos y no estaba dispuesta a aceptar lo que me decía aquel médico, no lo quería ver, no quería que fuera verdad. Entonces te pones a pensar, miras hacia atrás y ves cómo tu vida da un giro de 180 grados en milésimas de segundo.

De repente te das cuenta de que tienes que aceptarlo, que tienes que aprender a vivir con lo que te ha tocado y tranquila porque no estarás sola. El principio fue duro; mis planes se fueron por el sumidero y estaba completamente perdida. Busqué otras profesiones que me gustaran, pero era agotador, nada me interesaba. Pasé un año malo y con el apoyo de mis padres me dediqué a pensar con tranquilidad, a barajar opciones, a luchar por otras metas.

Aquí estoy ahora; con 23 años soy técnico especialista en imagen para el diagnóstico y medicina nuclear. De estar tanto en el hospital al final me ha terminado gustando. Estoy preparando oposiciones y por supuesto no descarto seguir estudiando. Me gustaría hacer enfermería, pero poco a poco porque tengo una hermana menor y ella también tiene que estudiar.

Con mi historia lo que quiero que vean es que si aprendemos a vivir con ella, lidiar todos los días, podremos ser fe-

lices, más de lo que pensamos. La epilepsia me ha enseñado a diferenciar entre lo importante, lo urgente y los problemas de verdad. Me ha enseñado a vivir y aprovechar cada minuto de aire fresco. Me ha enseñado a seguir otras metas, a luchar desde que me levanto hasta que me acuesto. Lo más importante es que me ha enseñado a apreciar la familia, los amigos, los hermanos, las sonrisas, los abrazos... Lo material siempre queda en un segundo plano. Puedo decir orgullosa que tengo epilepsia; no me avergüenzo. La epilepsia me ha enseñado a vivir de verdad. Antes malgastaba el tiempo pensando en la ropa que me iba a poner para salir con mis amigas. Ahora lo invierto con los que más quiero. Aunque cuando tengo que estudiar, mis estudios son lo primero.

Vivo en la provincia de Buenos Aires, Argentina. A los 40 años sufrí una convulsión, sin ningún antecedente jamás. Una semana después me operaron de urgencia de un tumor cerebral. Desde ese momento sufrí convulsiones cada vez más frecuentes. Algunas sin mayores lesiones y otras con varios golpes en el cuerpo y la cara. Actualmente no puedo vivir con normalidad. Toda la familia está alterada por mi situación. Además, ahora a eso se le ha sumado la reaparición del tumor cerebral. Estoy recibiendo quimioterapia para que cuando se achique me lo puedan operar.

La condición de ser epiléptica ha cambiado mi vida y la de mi familia. Este dispositivo sería un gran alivio, aunque fuera en algunas ocasiones. Espero que lo puedan comercializar cuanto antes, ya que a muchas personas, acá en Argentina y supongo que alrededor del mundo, les cambiaría la calidad de vida.

MEDICSEN

CIENCIA, RAZON Y CORAZON: SENTIR Y EXPERIMENTAR QUIENES SOMOS DE VERDAD, CONECTANDO CON LA NECESIDAD DE LOS DEMAS

El corazón tiene razones que la razón no entiende.

BLAISE PASCAL, *Pensamientos*

El verdadero ocio no es estar libre del trabajo sino libre en el trabajo y, junto a ello, tener tiempo para conversar, meditar, contemplar el sentido de la vida.

CHARLES HANDY, *La edad de la paradoja*

Que nunca tu pasado sea tirano de tu porvenir.

MIGUEL DE UNAMUNO, *Adentro*

VIVIR LA DIABETES[13]

La diabetes es una enfermedad crónica que ha alcanzado proporciones epidémicas y que aparece cuando el páncreas no produce insulina suficiente o el cuerpo no es capaz de utilizarla eficazmente.

Los síntomas pueden ir desde el aumento de la frecuencia urinaria, de la sed, el hambre y una bajada de peso inexplicable, hasta el entumecimiento de las extremidades, dolores de los pies, fatiga y visión borrosa, pasando por infecciones recurrentes o graves y/o pérdida de la conciencia o náuseas y vómitos intensos o estado de coma.

Según datos de este año de la Organización Mundial de la Salud (OMS), el número de personas con diabetes se ha multiplicado casi por cuatro desde 1980 hasta llegar a 422 millones de adultos, la mayoría de los cuales viven en países en desarrollo.

La Federación Internacional de Diabetes (FND) estima que para el año 2040 más de 600 millones de personas padecerán esta enfermedad en el mundo.

A José Olivera, constructor, le diagnosticaron diabetes tipo 2 hace doce años: «Noté que me pasaba algo porque nunca bebo agua y empecé a beber agua sin parar. Se me secaba mucho la boca hasta que un día pensé que algo pasaba y que no podía seguir así. Me acerqué al Hospital La Paz, me hicieron la prueba del azúcar y tenía casi 600 miligramos, que es una barbaridad.

»Soy muy positivo y optimista siempre, y gracias al deporte que he practicado, siempre deportes de riesgo (parapente, buceo, espeleología...), no me asusta nada, así que la noticia no me causó miedo».

---

13   Pilar González Moreno y Ana María Belinchón (5.06.2017). https://www.efesalud.com/vivir-la-diabetes

También asegura que la enfermedad no le ha cambiado la vida a pesar de que tuvieron que amputarle una pierna. Hace menos de un año le pusieron una pierna ortopédica que no le ha dado mayor problema. Asegura que se acostumbró a ella en el minuto uno y eso que cuando se la colocaron llevaba ocho meses sin caminar. Incluso se atreve a conducir porque el coche es automático. «No he tenido ningún dolor, ni tampoco la sensación de los llamados nervios fantasmas. Nunca he tenido que tomar pastillas, como mucha gente que lo pasa muy mal porque sienten que tienen pierna todavía, se apoyan y se caen, y a mí no me ha pasado», dice.

Esta diabetes, explica, le llegó por la edad. Es verdad que le gusta mucho el dulce, pero los médicos le dijeron que no tenía nada que ver. «Ha debido ser por la edad, el estrés...», comenta. En el día a día echa de menos no poder comer dulce, porque le encantan los pasteles. Por otra parte nunca ha fumado ni bebido alcohol.

José relata que cuando le cortaron la pierna no fue un momento traumático. Debido a la falta de riego sanguíneo primero le apareció una herida en la parte baja del dedo y le dijeron que había que cortarlo, porque se podía pasar al otro, que también se lo cortaron al cabo de un tiempo, y así hasta cuatro falanges amputadas. «No hacía más que ir al hospital, era casi como mi hotel: la cama era como mi despacho lleno de papeles, y dibujos»... hasta que el médico le anunció que la mejor solución era amputarle la pierna. Él preguntó cuándo sería y el doctor respondió que en tres días y pidió poder ver la amputación.

Actualmente se pincha insulina (20 unidades) por la noche, y aunque lleva un año sin practicar buceo, su deporte favorito, está dispuesto a retomarlo «porque se puede hacer perfectamente sin una pierna».

Carmen Naranjo es periodista. Hace 18 años, cuando tenía 34, descubrió que tenía diabetes tipo 1: «Yo en realidad no me di cuenta. Estaba adelgazando mucho y tenía mucha sed, pero estaba contenta porque comía lo que quería y no engordaba; era la primera vez en mi vida que me ocurría».

Fue su madre, por una campaña televisiva sobre la diabetes, quien reconoció los síntomas en su hija. Tras hacerse una prueba en la farmacia, donde salió que tenía «300 y pico», se fue al ambulatorio «y se te cae el mundo encima, más que nada porque es una cantidad de información la que tienes que asimilar...

»La insulina se produce en el páncreas, según el ejercicio que haces y lo que comes, pero cuando tienes diabetes al que le toca hacer la función es a ti.

»Al principio es complicado, y cuando lees las instrucciones y ves que te puedes morir de una sobredosis de insulina... Además, a mí en los comienzos no me explicaron nada. Más tarde ya sí, cuando me traté con una endocrina en la Fundación Jiménez Díaz».

Carmen había tenido en su primer embarazo una diabetes gestacional, que desapareció al nacer el niño. Cuando años después le diagnosticaron diabetes tipo 1 estaba pensando en quedarse embarazada de nuevo. «Fue un palo porque había que retrasar el embarazo. Estuve seis meses con un seguimiento médico estricto, en una unidad especial que hay en el Hospital La Paz de diabetes y embarazo que está muy bien». Todo ello le permitió tener un segundo hijo.

«La diabetes al principio te cambia mucho la vida, sobre todo porque tienes que estar pendiente las 24 horas del día, pero es una enfermedad con la que se puede convivir perfectamente y llevar una vida normal, pero nunca hay que bajar la guardia porque es peligroso tener el azúcar alto; a corto plazo es más peligroso tenerlo bajo, tener una hipoglucemia, que a mí me han dado muchas». La hiperglucemia, azúcar alto, explica, perjudica la vista, los riñones..., pero a corto plazo «si te pinchas mucha insulina y no comes lo suficiente o haces más ejercicio del que toca, te puede dar una hipoglucemia. A mí me ha pasado, a veces, que me he quedado inconsciente estando dormida; es muy peligroso y tienes una sensación horrible».

Para administrarse la insulina tiene un bolígrafo. Por la mañana se pone la rápida, indicada también para cuando vas a comer, y también una lenta, que se llama basal. A mediodía, si come hidratos, se pincha otra rápida, y por la noche igual que por la mañana.

A Ángel Astiazarán le descubrieron que tenía diabetes hace cuatro años, cuando tenía once. Fue a final de curso y le tuvieron que ingresar en el hospital. Llevaba un mes en el que no se encontraba bien, adelgazó seis kilos «y tenía mucha hambre e iba mucho al baño, me encontraba mal». Cuando le hospitalizaron, tenía 675 miligramos de azúcar en sangre y no sabía lo que era la enfermedad «porque nunca me habían hablado de ella; estuve quince días hospitalizado». Costó regularlo porque tiene alergia a algunos alimentos.

Durante esos días le fueron contando qué le sucedía y «una vez que lo supe, pensé: algo más a lo que me tengo que hacer, porque desde los dos años tengo alergia a las frutas y a los frutos secos, y también dermatitis».

La diabetes le ha cambiado la vida en el sentido de que le ha hecho más responsable, «más maduro de cara a todo». En cuanto a vivir la diabetes, relata que tiene que estar pendiente de que no le den hipoglucemias y «de que tampoco me suba demasiado el azúcar, pero la vida sigue siendo igual, hago deporte, natación y pádel».

En su caso, lleva una bomba de insulina. Al principio se tenía que medir el azúcar hasta diez veces al día. Ahora, con su bomba (páncreas artificial), la cosa ha cambiado. La lleva conectada al cuerpo durante el día y la noche, y la carga con insulina cada tres días. También lleva un sensor que mide continuamente su nivel de azúcar en sangre y le manda los datos a la bomba, que reacciona según baja o sube el azúcar. «Por la noche –explica– tengo muchas bajadas y no me despierto; hay gente que sí, pero yo no me doy cuenta y en este sentido el sensor es muy útil».

A Ángel le gusta todo lo que tiene que ver con la electrónica, ordenadores, videoconsolas, videojuegos... y la dolencia no le ha impedido seguir el curso escolar que le corresponde. El hecho de llevar esa pequeña bomba unida a su cuerpo mediante un catéter insertado en su abdomen no le afecta y, a veces, si va por la calle y se le ve el aparato «noto que hay gente que se gira y me mira, pero no me molesta».

LA DIABETES NO PUEDE CAMBIARNOS LA VIDA[14]

Hoy es 18 de julio, un día que intentó cambiarnos la vida y no lo consiguió.

No, no creáis lo que parece, nunca nada es lo que parece.

Hoy hace un año, mi rey moro, mi hijo Rodrigo, ingresaba en UCI diagnosticado de diabetes Mellitus tipo 1 autoinmune. Tras un abrazo del médico que le dijo qué le pasaba y cómo solucionarlo, lloramos de impotencia pero no nos duró más que un minuto.

No debería recordar las cosas malas ni las enfermedades, pero esta se lo merece. Tal vez, porque todos aquellos a los que conocemos con diabetes, sea del tipo 1 o del tipo 2, hablan de ella como un castigo divino, con caras tristes, escondiéndola, y no es eso lo que hemos aprendido este año.

En mi pueblo, esta enfermedad, como excusa o no, se ha llevado por delante cargos públicos, alegrías privadas, depresiones y más de un disgusto familiar. Eso es lo que

---

14   18/7/18 https://diabetesmadrid.org/testimonio

no hemos querido que pasara en casa. La diabetes no puede cambiarnos la vida. Que sepa todo el mundo qué te pasa, cómo darle solución y qué cosas tener en cuenta; cuanta más información más libre serás siempre.

Estamos orgullosos de la valentía de nuestro hijo, de cómo ha transcurrido esta singladura, a veces desesperada, a veces tranquila, a veces con tifones. Todo se da por bien pasado para llegar al puerto donde estamos. Hoy Rodriguet disfruta de un campamento en Santander con la Asociación Diabetes Madrid, que tanto ha hecho por él y por nosotros. Se ha quitado de encima ese miedo a los campamentos, pues sus primeros síntomas se dieron en uno anterior y nadie le hacía caso.

Hoy es un gran día y no por ser el aniversario del diagnóstico, sino por ser más fuertes que esta enfermedad crónica, por tener la determinación de que nada cambiará la vida de un niño, sean cuales sean sus circunstancias. Un gran esfuerzo del que Rodrigo ha salido vencedor. Sin duda es un rey moro, os lo dice la reina madre.

Besos a todos.

Glò.

MEDICSEN[15]

La App de Medicsen llega para mejorar la forma de convivir con la diabetes. Desde por la mañana recomienda el mejor consejo para empezar el día, teniendo en cuenta la glucemia nocturna y la actividad programada. Posibilita el acceso a la información almacenada en cualquier momento, así como

---

15   https://www.medicsen.com/es

un resumen del estado actual y la predicción de los niveles futuros de glucosa. Su interfaz, tipo *chat*, facilita la comunicación permitiendo la obtención fácil y rápida de la información más relevante en cada momento.

En Medicsen han creado el parche inteligente: automático y sin agujas. Es la primera jeringuilla sin agujas portátil. El dispositivo puede funcionar automáticamente, guiado por un algoritmo, o manualmente, controlado por el usuario. Se recarga de forma simple a partir de las preparaciones comerciales de insulina. Es pequeño (4 cm x 6 cm x 1 cm) y modular para permitir su adaptación a las distintas dosis diarias de insulina.

En este momento, en Medicsen han completado los tests de laboratorio que les permitirán iniciar el proceso regulatorio y realizar las pruebas en humanos. Su algoritmo de aprendizaje es capaz de predecir valores futuros de glucosa con una hora de antelación y menos de diez unidades de glucosa como error medio. Al medir parámetros importantes, permite adaptar la terapia a cada paciente y en cada momento, recomendando comidas, dosis de insulina y ejercicio.

La interfaz tipo *chat* admite preguntas y respuestas, tanto habladas como escritas. Los módulos predictivos ayudan al paciente a tomar decisiones conociendo de antemano los riesgos potenciales. Con ello se reduce la incertidumbre: «¿Cómo estaré dentro de una hora?», «¿tendré que llevar algo encima por si acaso me baja la glucemia?» son algunas de las preguntas que, gracias a la App de Medicsen, no volverán a preocupar de igual manera a sus usuarios. Además está la funcionalidad «¿Y si?», con la que se puede saber cómo de bien o mal viene realizar en cada momento ciertas acciones: «¿Puedo tomarme un refresco en 30 minutos?», «¿qué pasa si salgo a correr 1 hora dentro de 15 minutos?». La App mostrará el nivel anticipado de glucosa en función de lo que se pregunte.

Con esta App se pueden elaborar planes mensuales personalizados de alimentación y ejercicio, diseñados especialmente para cada usuario. La App aprende de las rutinas y configura automáticamente las recetas y tablas de ejercicio físico que mejor vienen para estar saludable. También se hacen recomendaciones a las horas marcadas por el usuario o cuando este las pida. Se pueden crear recetas propias, guardar favoritos y decir cuándo se va a comer algo para que el algoritmo aprenda de las correspondientes subidas y bajadas de glucosa. Se pueden conectar sensores portátiles y glucómetros para que el algoritmo sea incluso más listo y rápido.

ENTREVISTA A EDUARDO JORGENSEN,
CEO de Medicsen

IAM **Hola, Eduardo. ¿Te parece si hablamos primero de ti y luego de tu empresa?**

EJ Sí, claro, sin problema.

IAM **Tengo entendido que andas inmerso en un importante proceso de transformación personal. ¿Es así?**

EJ Pues sí.

IAM **¿Puedes contarme en qué consiste?**

EJ Hace un año comencé un proceso de analizar mi vida y cuestionarme cómo la estaba llevando. Estuve solo en Boston y me dio tiempo para pensar. Desde entonces me he metido en una vorágine y no he vuelto a tener tiempo para pensar. Se vuelve todo muy rutinario y sigues «tirando».

IAM   **¿Y de dónde parte ese proceso?**

EJ   Un año atrás teníamos dudas en la compañía y bajaba la motivación. El pasado verano traté de buscar de nuevo mi motivación. La música me ayuda a razonar sin filtros, así que aproveché un festival de música para volver a pensar. En esas situaciones, tomo decisiones que acaban siendo buenas para mí y para la compañía. La primera y segunda rondas de financiación que conseguimos las negocié en un Arenal Sound (festival de música en Burriana, Castellón).

En el mismo periodo en el que pensaba sobre el futuro de la compañía, comencé un proceso de introspección interna en el que no logré avanzar demasiado, pues parecía que el universo me estuviera poniendo «piedrecitas». Me encontraba con personas que habían sido importantes para mí en mi vida pero que hacía mucho tiempo que no veía. Me preguntaba «¿qué está pasando?». Creo que mi subconsciente actuaba sobre mí y afectaba a mí día a día.

Al poco tiempo de todo esto, se suicidó mi mejor amiga. Fue un palo que desestabilizó los esquemas de análisis que tenía. Durante este pasado mes de octubre me han pasado «cosas del Universo» otra vez. En una reunión de trabajo, la otra persona y yo dejamos de hablar de negocios y nos pusimos a charlar sobre nuestras vidas personales. Esa persona me preguntó que si era feliz. Nos hemos hecho muy amigos y me ha abierto «piececitas mentales». Nos conocemos desde hace un mes y comemos con bastante frecuencia. A través de un máster en el que me he apuntado, he retomado la relación con una persona que conocía de antes y que también me ha ayudado a seguir encajando esas «piececitas mentales».

Yo tenía una cuenta pendiente con la amiga que se suicidó. No quería cerrar el tema todavía pero, a raíz de todas estas personas que han ido apareciendo como «pildoritas», decidí que le iba a escribir una carta. Un grupo de amigos, casualmente, dio un concierto en la sala de fiestas en la que yo estuve por última vez con ella. Recordé que llevaba seis meses sin ver a mi amiga, salí con ella una noche, y a los siete días se suicidó. Todo muy impactante.

El jueves pasado se terminó mi relación de pareja de seis años. La crónica de una muerte anunciada pero que no deja de ser impactante también. Todo esto en medio de una vorágine de viajes, trabajo, levantar pasta... Me he dado cuenta de que he estado centrándome todo este tiempo en la vida profesional, que no me da problemas, y he dejado de lado mi vida personal.

Me tengo por una persona muy racional, pero durante estos últimos meses ha habido personas que me han demostrado que tengo un lado emocional muy importante. Esas personas me han enseñado que a veces hay que tomar decisiones con el corazón y no solo con la cabeza. Eso es algo que a mí siempre me ha costado pero que estoy pudiendo hacer ahora. Me está gustando descubrir que hay una parte, la de las relaciones personales, que no siempre tiene que ser tan analítica y controlada. Yo nunca había dejado de lado esas relaciones hasta que fundé la empresa.

Me he dado cuenta de que tanto análisis no sirve para nada. Que las decisiones, para tomarlas, hay también que sentirlas.

Ese ha sido mi cambio en el último mes.

IAM **¿La carta a tu amiga era en realidad una carta dirigida a ti mismo?**

EJ   Sí. Yo me abro más escribiendo que hablando. En general soy una persona reservada; no me gusta hablar de mí. Sin embargo, últimamente he descubierto personas con las que me ha sido más fácil hacerlo.

Yo tiendo a querer cerrar las cosas que me pasan en la vida, por impactantes que sean como, por ejemplo, la reciente muerte de mi abuelo. Yo no soy cristiano; tengo otras creencias más «extrañas». Creo que la espiritualidad es algo que va muy dentro y las religiones son una manera de explicárselo al pueblo. Yo creo que todos los científicos tenemos un punto de «espiritismo», luchamos contra él pero está.

IAM   **Aunque no le encuentres explicación está, y si está quiere decir que algo se mueve dentro, ¿no?**

EJ   Eso es. Y yo creo que responde a la necesidad de respuestas que tenemos. En la carta a mi amiga me hice las preguntas que tengo en la cabeza y me di cuenta de que no podía llegar a ello de manera analítica sino que simplemente tenía que expresar lo que sentía. También me sirvió para entender que en algún momento he de hacer algo para tratar de reducir la tasa de suicidio joven que está aumentando desproporcionadamente.

IAM   **¿Qué te queda como aprendizaje de todas estas experiencias que estás teniendo?**

EJ   Yo siempre me había planteado que quería hacer algo muy fuerte, que impactase en el mundo; ganar un Premio Nobel o así. Luego te das cuenta de que hay una gran parte de eso que es ego y que hay otra que sí que tiene que ver con ayudar a las personas. Pero no hace falta ayudarlas de esa manera.

Una amiga me planteaba «¿y por qué ayudar a 1.000 es mejor que ayudar a uno?». Yo pensaba que por tamaño. Ella me contestó que podía ir ayudando uno a uno, sucesivamente, y que a lo mejor así ayudaba más. Comprendí que no está tan claro que ayudar a más personas sea mejor. Ganar el Premio Nobel no tiene por qué ser un objetivo que signifique algo en la vida de alguien.

A partir de ahí empecé a plantearme si he de sacrificar mi vida entera en pos de esos objetivos profesionales o si, por el contrario, soy capaz de acercarme un poquito a la felicidad.

He tenido conversaciones muy profundas sobre la idea de la felicidad con mi madre, que es una persona muy creyente que estudió trabajo social y enfermería. Mi madre es muy empática. Mi padre en cambio es danés, frío, racional, muy inteligente y muy socrático. Siempre nos ha enseñado desde las preguntas y no desde las respuestas. Yo me veo como un tío responsable, pero con un lado emocional que no comprendo y que no me han enseñado a gestionar.

Soy consciente de que mi vida a menudo ha consistido en cumplir sucesivos objetivos pero que, una vez cumplidos, me dejaban igual de vacío. Mi madre siempre me decía que pensara menos para ser más feliz. Cuando le comenté que las personas que estaba conociendo últimamente me habían hecho ver que hay decisiones que hay que tomar desde el corazón, me contestó algo así como «¡las veces que he intentado explicarte eso yo!».

Pero es algo que me da mucho miedo. Me siento vulnerable. Tengo una posición relevante en una empresa que va a seguir creciendo. Tengo que mantener un mínimo de racionalidad y una presencia adecuada, aunque prefiero actuar como me apetezca porque yo soy un tío muy natural. No soy amigo de ponerme capas y filtros. Y aun así me siento vulnerable al actuar sin un proceso analítico detrás. Dejar las cosas al albur de lo que siento me enfrenta a una dependencia excesiva del contexto en cada momento y no de mis razonamientos lógicos. Eso me genera estrés, incertidumbre; no lo sé gestionar al 100% todavía.

Me estoy dejando llevar con esas nuevas personas que han aparecido en mi vida. Me estoy abriendo bastante y me está sentando bien. Todavía estoy en mitad de este proceso, pero hay veces que es bueno parar la cabeza. He aprendido a quitarme algunas negatividades; a cualquier contratiempo le sé sacar el lado positivo casi en toda circunstancia. En definitiva, que pensar no siempre te lleva a la felicidad. Yo había asumido que para mí iba a ser complicado ser feliz, y hoy me doy cuenta de que depende bastante de mí. La actitud ante la vida es fundamental. La vida es cuestión de actitud.

Yo no tengo la prueba de si lo que vivimos es o no como la película *Matrix*. La percepción de la realidad depende de los sensores que tenemos, y esa percepción varía. Cada uno podemos decidir cómo procesar la información que recibimos. Si miramos con un filtro gris, veremos la realidad gris. Si cambiamos a un filtro brillante, veremos la realidad brillante. Este juego mental es difícil de hacer cuando estás enfadado, pero se está reforzando en mí.

IAM **Si pensaras en alguien que tú conozcas que pudieras decir que es feliz, ¿qué crees que tiene esa persona de especial?**

EJ   Pienso en mi madre, que tiene algo que creo que yo no puedo tener: no pensar tanto. Mi madre tiene una filosofía de vida que gira en torno a su familia, sus amigos y desconectar cuando puede. Es enfermera en un colegio y se dedica a los demás en su trabajo.

Mi madre ha tenido que hacer muchos sacrificios, y aun así está contentísima con la vida. Conozco a muchas personas que se parecen a mi madre en cuanto a bondad pero han tenido algo triste dentro, y eso acaba saliendo en las relaciones: inseguridad, descontento con uno mismo... Creo que la mejor manera de ser feliz en la vida es ser un corderito, aunque suene feo. Corderito en el sentido de rebaño, de no hacerte ciertas preguntas. Yo no soy capaz de no hacerme esas preguntas. Mi madre lo tiene claro: «piensa menos y serás más feliz».

IAM   **Si hubiera un botón que al pulsarlo inmediatamente te convirtiera en una persona feliz, y otro que al pulsarlo te preservara tal y como eres, con tu personalidad, tu lógica, tu modelo mental... ¿Cuál pulsarías?**

EJ   Si el de ser feliz significara convertirme en ese corderito que mencionaba antes, pulsaría el otro botón.

IAM   **Oyéndote, me viene la idea de paradoja. A veces puede que dejar de pensar sea la mejor manera de pensar.**

EJ   Literalmente.

IAM   **¿Dejar de ser inteligente puede ser la mejor manera de ser inteligente?**

EJ   Esa es la paradoja en la que estoy desde hace unos meses. Creo que he encontrado tres o cuatro herramientas que me están ayudando a desconectar un poco más mi lado racional para conectar con el emocional. Esta mañana me he levantado en un lugar donde me he sentido genial, y ha sido por el sentimiento. Era un lugar que no conocía de nada, junto a gente que no conocía de nada, en un barrio que, en el fondo, no me gustaba, pero aun así estaba muy contento. Son ese tipo de cosas a las que no hubiera llegado de forma analítica.

IAM **¿Cuáles son esas herramientas a las que antes te referías?**

EJ   Una amiga mía fotógrafa me dio una: fluir. Cuando te dejas fluir, entran nuevas personas y nuevas ideas en tu mundo. Empiezas a hacerte preguntas potentes y de posibilidad.

Otra herramienta es la de abrirme y no sentirme vulnerable cuando lo hago. Compruebo que la gente se abre de vuelta y te da enseñanzas.

IAM **Otra paradoja: cuanto más vulnerables nos aceptamos, más fuertes somos; y al contrario, cuanto más queremos tapar nuestra vulnerabilidad, más la acentuamos.**

EJ   Así es.

IAM **En cuanto a Medicsen, desde donde estás ahora, ¿en qué refleja tu compañía tus valores personales?**

EJ   Yo tenía una meta, que era crear algo que pudiera ayudar a más de 1.000 millones de personas en el mundo. Vi que en esa meta había una parte de ayudar a las personas, pero también vi que había una parte de reconocimiento personal que quizás no era necesaria. Me pregunté por qué quería ese reconocimiento. Me acabé dando cuenta de que lo que quería era poder, poder influir en el mundo para que las cosas fuesen mejor.

Hoy considero que el valor por el que estoy reordenando mi vida, recuperando relaciones y amistades olvidadas, es la conexión con las personas. Lo que realmente te hace libre es la relación con otros, porque no hacerlo te esclaviza, de ti mismo, de tus pensamientos. En las relaciones con los otros es donde puedes dejar tu granito de arena, y se hace de maneras que no siempre se ven.

IAM **Tú eres médico e ibas para neurocirujano y en un momento dado algo cambió tu visión de las cosas: el encuentro con una niña. ¿Me puedes contar ese cambio?**

EJ Yo amo la cirugía con toda mi alma, pero tuve un descontento importante en mi experiencia hospitalaria. Un día, cuando estaba aún en quinto de carrera, entré en una consulta en la que había una niña que puso la insulina encima de la mesa: «¡Hasta aquí hemos llegado. No puedo llevar una vida normal. No puedo ir de excursión con mis amigas, no me puedo duchar, no puedo ir a la piscina!». Me dejó muy impresionado el hecho de que los pacientes diabéticos no pudieran llevar una vida normal. Pensé que tenía que hacer algo para solucionarlo.

Llamé a dos amigos «telecos» para que me ayudaran. Yo no sabía cómo hacer cosas en el mundo. Al volver de un Arenal Sound, una noche me encontré con un *twit* que invitaba a ir a Nueva York. Estaba en sexto de carrera, me fui a Nueva York y estuve durante tres meses con varios emprendedores, conviviendo en la misma casa. Ahí abrí los ojos. Me di cuenta de que había otras alternativas en la vida a la inicialmente planteada y que el camino me lo tenía que trazar yo. A la vuelta de Nueva York llegué cargado de pilas, conocimiento, de todo.

Terminé la carrera, hice el MIR y rechacé la plaza porque Medicsen ya era una realidad; estaba «levantando pasta», iba para delante. Mi padre estuvo durante ese año muy en contra de lo que estaba haciendo. Para él, que me veía de cirujano, era como tirar a la basura todos los años previos de esfuerzo. Ahora lo entiende. Mi madre en cambio me entendió y apoyó desde el inicio.

IAM **Esa niña con diabetes, ¿tenía algo especial?**

EJ Me hizo empatizar con su problema, haciéndome ver que además era relativamente fácil de solucionar y no se estaba haciendo mucho. Me dolió su dolor; que se pudieran reír de ella, que no llevara una vida normal.

IAM **¿Qué aporta vuestro invento?**

EJ Con nuestros algoritmos predictivos reducimos incertidumbre y preocupaciones porque les decimos a los pacientes lo que les va a pasar y lo que tienen que hacer. Reducimos la sensación de enfermedad y la pesadez que conlleva padecerla porque nuestras *interfaces* son intuitivas y de forma rápida y sencilla les permiten introducir datos sobre sus hábitos de vida. Finalmente les quitamos las agujas.

IAM **¿Cómo funciona el mecanismo?**

EJ Por un lado, hay una App que va leyendo toda la información que proporcionan los sensores de los pacientes. Con eso puede predecir la respuesta de sus cuerpos en función de lo que ellos deseen hacer o consumir. Acabamos diseñando planes personalizados de vida. Finalmente, manda la orden de administración del medicamento a un parche que abre un poro pequeñito en la piel, mete el fármaco y cierra el poro. El parche se renueva cada 24 horas con el adhesivo y la carga de medicamento.

IAM **Según creo, recibís muchas cartas y comunicaciones de gente muy agradecida por vuestro invento.**

EJ Ayer estuve en una marcha solidaria por la diabetes y conseguimos 6.000 euros en donaciones. Fue espectacular.

IAM **¿Qué hay del apoyo que habéis recibido de Lilly?**

EJ La primera ayuda la recibimos de UnLtd Spain y de su consejero delegado, Manuel Lencero. A Manuel le quiero mucho porque nos abrió una de las primeras puertas que nos han abierto en la vida cuando no éramos absolutamente nada y solo teníamos una idea loca. Me acuerdo de la cara de Manuel cuando yo le contaba esta idea y de cómo vivía mi pasión.

Gracias a UnLtd Spain entramos en un programa llamado «Emprende In Health», en el que Lilly se interesó mucho por nosotros y nos puso en contacto con todo su grupo. Mi mentor de Lilly, Javier, fue espectacular. Estar asociados a Lilly nos ha dado mucha confianza respecto a los inversores, nos ha ayudado a vender nuestra idea. Lilly es una de las compañías que más me gusta del mundo entero, con un objetivo loable, que se preocupa de sus empleados y de sus clientes, no como otras. Nos dio 5.000 euros para apoyarnos en nuestro proyecto.

IAM   ¿Qué has aprendido de Javier, tu mentor?

EJ   A ser práctico y preocuparme de los problemas que de verdad me tienen que preocupar y no dejarme caer en la vorágine de cosas que giran a mi alrededor. Él me ha ayudado a distinguir entre el problema, sea el que sea, y cómo me afecta ese problema a mí. Me ha enseñado a ver y a tratar los problemas por lo que son.

   Otro mentor es Ángel, del que también he aprendido mucho. Él me ha ayudado a centrar mi atención y mi enfoque en lo que es prioritario. «Si viniera un extraterrestre y te preguntara cuál es ahora mismo tu prioridad, ¿qué le contestarías?».

IAM   Creo que ha habido otra niña muy especial para ti.

EJ   Blanca ha sido la persona que originó todo lo que ha acabado siendo Medicsen. A Blanca la he estado viendo mucho tiempo desde la primera vez que coincidimos. Cuando la conocí tenía unos diez años, iba al cole en el que mi madre es enfermera. Blanca se abrió conmigo y me contó los problemas que la otra niña me había contado pero añadiendo el efecto que eso tenía en ella, cómo le afectaba, sus sentimientos de rebeldía, «no quiero ser diabética con diez años». Blanquita me impactó muchísimo.

IAM   ¿Te consideras un rebelde?

EJ   Sí. Rebelde con causa. Me hice un tatuaje con catorce años, por el que estuve castigado durante mucho tiempo. Más allá de eso, para mí un tatuaje es una forma de arte que me recuerda cosas.

IAM **El Eduardo en permanente evolución, ¿cómo afecta a Medicsen?**

EJ Antes pensaba que montaría otra cosa después de Medicsen, ahora no lo tengo claro. La perspectiva que quizás me está cambiando es el sacrificio absoluto de mi vida personal por la profesional, porque he comprobado que acaba afectando negativamente a las dos.

IAM **Entiendo que uno no se mete en esto por dinero, ¿no?**

EJ Yo, como mucho tengo 1.000 euros en mi cuenta al final de cada mes. Mi madre puso un mensaje en Instagram a raíz de la marcha solidaria por la diabetes de ayer: «Los días como hoy me reconcilian con la vida; muchas gracias a los organizadores de la marcha. Soy la madre de Eduardo Jorgensen y no puedo estar más agradecida por lo que habéis organizado. En este país, en el que es más importante invertir en cambiar nombres de calles, cambiar monumentos, cambiar el pasado, se agradece el esfuerzo que habéis hecho por invertir en Medicsen. Sabéis lo importante que es el proyecto y lo que mejorará la vida de millones de personas. Pero aquí eso no se tiene en cuenta, invertir en investigación. Personas como vosotros permitís con vuestras iniciativas que avancen poco a poco las investigaciones. Solo conocéis a Eduardo, pero os aseguro que todo el equipo de Medicsen es espectacular. Son gente joven que podía estar trabajando en empresas grandes, menos tiempo y cobrando más, pero han decidido que este proyecto es su motor de vida. Han decidido dedicarse a procurar que la vida de los demás sea mejor. Está siendo muy duro porque no tienen apoyo institucional, todo es inversión privada, pero ellos no desfallecen y cuando parece que todo se acaba llega una pequeña inyección que les da vida unos meses más. Conocéis a Eduardo y sabéis que no es pasión de madre lo que acabo de escribir. Por todo vuestro apoyo, un millón de gracias; este país necesita gente como vosotros».

IAM **¿Algún consejo para personas con inquietudes similares a las tuyas?**

EJ Hay que encontrar aquello en lo que tu motivación y tu actitud sean las mejores posibles. En el mundo pasan muchas cosas malas, así que mejor solucionar problemas que crear necesidades. Solo hay que encontrar el problema que te motive lo suficiente. Esa motivación te hará luchar sin desfallecer.

Pero antes de todo eso, hay que tener los ojos abiertos, dejarse fluir, aceptar lo que sientes. Rechazar una plaza MIR y montar Medicsen fue algo totalmente irracional, pero es lo que sentía que tenía que hacer en mi vida.

UNLTD SPAIN

PROPOSITO ELEVADO Y AUTENTICIDAD: EL ENCUENTRO CON UNO MISMO APOYANDO PROYECTOS QUE MEJORAN LA SOCIEDAD

Vivir es transformarse en lo que uno es.

Pablo d´Ors, *Biografía del silencio*

Seamos conscientes o no, no hay nada que nos avergüence más que el no ser nosotros mismos y, recíprocamente, no existe ninguna cosa que nos proporcione más orgullo y felicidad que pensar, sentir y decir lo que es realmente nuestro.

Erich Fromm, *El miedo a la libertad*

Porque quien renuncia a ser el que tiene que ser ya se ha matado en vida, es el suicida en pie. Su existencia consistirá en una perpetua fuga de la única realidad auténtica que podía ser. Nada de lo que hace lo hace directamente por sincera inspiración de su programa vital, sino al revés; cuanto haga lo hará para compensar en actos adjetivos, puramente tácticos, mecánicos y vacíos, la falta de un destino auténtico.

José Ortega y Gasset, *Ideas y creencias*

UNA CARTA MUY ESPECIAL

Querido Amigo,

Cuánto tiempo sin saber el uno del otro.

Un amigo común me ha comentado que estás pasando una mala racha. Según creo, has roto con tu novia y últimamente tu trabajo no te llena, más bien te aburre y hasta te cansa. Tus padres andan frágiles de salud, qué dura la vejez. Me cuentan que has tenido un serio episodio de tensión arterial y que el médico lo ha achacado en gran medida a un más que probable cuadro de estrés. En fin, que no estás pasando por tu mejor momento. ¿Es así?

Compañero, bienvenido al club; no eres el primero, ni serás el último. Tus síntomas me suenan mucho; yo los experimenté hace ya un tiempo. ¡Qué mal se pasa!

Son varias las razones de esta carta. En primer lugar, retomar un contacto entre dos personas que se quieren mucho pero que, sin embargo, ¡qué tontos somos a veces!, no se frecuentan lo suficiente. En segundo lugar, intentar buscar contigo un camino que te ayude a dar solución a algunos de tus problemas. Eso sí, según mi experiencia la solución a tus problemas pasa por ti y por que, seguramente, des un cambio importante en tu vida. Finalmente deseo compartir contigo ese camino que yo ya he recorrido, creo que muy parecido al que a ti te espera y que me ha traído a donde ahora estoy. Hoy me siento mejor que nunca.

El proceso hasta donde he llegado no ha sido fácil, ni mucho menos, pero sin duda ha merecido la pena. En esta vida todo lo que de verdad vale cuesta mucho. Eso sí, te confieso algo que para mí fue crucial: desde el primer segundo que decidí cambiar mi vida me sentí infinitamente mejor, más aliviado, confortado, ilusionado, responsabilizado, empoderado. Si te parece, te cuento.

Lo primero que hice fue permitirme soñar, es decir, di permiso a mis sueños para que me visitaran y me explicaran qué era lo que tenían pensado para mí en el futuro. Yo siempre había soñado pero curiosamente nunca había prestado de verdad atención a mis sueños. En cuanto estuve dispuesto a escucharlos, mis sueños me hablaron con extremada nitidez y rotundidad. En el instante que los identifiqué, comprendí por qué tanta gente renuncia a ellos, o ni siquiera se anima a identificarlos. Amigo, eso compromete. En el momento que tu sueño se hace consciente, no lo puedes dejar de ver, y al mirarlo de frente no te queda otra que perseguirlo, pelearlo hasta el final. Entendí que renunciar a mis sueños era renunciar a mí mismo y ya no estaba dispuesto a semejante sacrificio, jamás.

Una vez decidido a la consecución de mis ilusiones, me di cuenta de lo importante que es creer en uno mismo. Descubrí algunas capacidades que ignoraba que tuviera y reafirmé otras que tenía más asumidas. Por supuesto también me enfrenté a mis limitaciones y debilidades, pero de otra manera. Por cierto, qué curioso, comprobé cómo nuestras debilidades van de la mano de nuestras fortalezas; es muy difícil potenciar aquellas sin debilitar estas.

Lo siguiente fue desentrañar las cargas ocultas pero muy pesadas que arrastramos y que lastran nuestro avance en la vida. En mi caso, esas cargas se resumen en tres, que además están entrelazadas. La primera, cómo no, el miedo. ¿Miedo a qué? Básicamente a la vida. En efecto, el miedo a la vida es la otra cara del miedo a la muerte. El miedo está en un saquito y cada uno saca de él lo que quiere. Hoy tengo mucho más asumido que todos hemos de morir y que mientras tanto lo único que nos queda por decidir es *cómo vamos a vivir. He decidido centrarme en vivir bien, es decir, vivir acorde a mi mejor versión como persona.*

La segunda carga es la necesidad de control. ¿Control de qué? De todo: trabajo, familia, amigos, salud, dinero, bienestar material... Hasta que llegó un día en el que me planteé: ¿qué control tenemos de las cosas importantes de la vida? La respuesta fue clara, contundente, rotunda: cero, nada. ¿De qué voy entonces cuando pretendo controlar lo que no puedo? Voy de algo que no soy, y eso me lleva al malestar, la frustración y el rencor. He decidido aceptar que, por más que yo pelee, hay situaciones que no van a cambiar. ¡Qué paz cuando aprendes a aceptar!

La tercera y última carga es la expectativa, el reconocimiento, la vanidad. Ponemos nuestra autoestima en manos de la valoración de los demás. ¡Qué error! ¿Solución? Dejar de esperar, nos buscar el halago, la recompensa, la admiración ni el cuidado de los demás. Aprender a estar solo; ese es el mejor camino para tener la compañía y el reconocimiento de los otros. Como tantas cosas en la vida, el reconocimiento te viene cuando lo dejas de anhelar.

Durante todo este proceso de transformación personal, tuve mi mirada puesta en el aprendizaje. Aprender suele ser gratis y es la recompensa más segura, estable y potenciadora de la personalidad que tenemos a nuestro alcance. En la búsqueda de la consecución de mis sueños, he aprendido muchas cosas. Por destacar una de ellas, que la vida es corta, que se va, y que debemos de tratar de exprimirla antes de que la tengamos que abandonar. Carpe diem; lo que hayas de hacer, hazlo ya. También he comprendido que los sueños vienen y van, unos se cumplen y otros no, pero lo que siempre queda es el proceso, el camino, la aventura de tratar de alcanzarlos y lo que atesoras como aprendizaje y crecimiento personal. El viaje es el destino. Somos viajeros, amigo mío.

¿Y hoy, quién soy hoy?

Básicamente, una persona que se siente feliz con lo que es y con lo que hace. Soy amigo de mis amigos. Conservo los de siempre, tú entre ellos, y he incorporado algunas buenas novedades más. Me rodeo de buena gente con quien comparto aficiones: sigo esquiando y navegando a vela, escuchando la música que me gusta y charlando con gente que me suma, nunca que me resta. Tengo una novia eterna, más estable que el mejor de los matrimonios. Cuando nos echamos de menos nos juntamos; cuando hay que darse espacio, nos dejamos un poco en paz. Y así vamos tirando, muy bien diría yo. Nos queremos mucho y nos lo demostramos casi todos los días. Mis padres ya no viven, pero me acompañan en un grato recuerdo permanente. ¡Cuánto aprendí del amor incondicional de mi madre y del esfuerzo, la voluntad y la valentía de mi padre! Mis hermanos están bien. Nos vemos una vez al mes, por lo menos. Estamos para lo que necesitemos unos de otros.

Mi trabajo merece mención aparte. Casi me cuesta llamarlo trabajo. He hecho de mi vocación mi dedicación profesional. Dejé mi puesto en el banco en cuanto tuve oportunidad. ¿Te acuerdas cuánto me gustaba la música? Desde joven, siempre quise componer, cantar, dar conciertos, actuar... En el fondo de mi alma, me siento artista. Ahora me gano la vida ayudando a otros artistas, especialmente músicos, a encauzar su carrera profesional. Yo me encargo de todo aquello de lo que ellos no se deben ocupar. Ellos cuidan de su música, su arte; yo de que ese arte llegue lo más lejos posible y haga a otros disfrutar. Últimamente mi satisfacción es total, pues promociono la carrera de jóvenes artistas con talento pero sin recursos económicos. Es la parte de mi trabajo que más me reconforta. Tengo cartas de ellos y de sus padres agradeciendo la importancia de mi apoyo para su futuro profesional. Las guardo como oro en paño.

He de confesarte que no gano lo de antes, pero he entendido que no me siento mejor por tener más, sino por necesitar menos, lo imprescindible para ser feliz.

Te escribo esta carta desde la montaña, contemplando las cumbres nevadas antes de salir a esquiar. Hoy no quiero forzar, tengo algo de agujetas y además luego vienen amigos a cenar. Les he preparado mi plato especial, ¿te acuerdas? Sí, claro, huevos encapotados.

Como puedes comprobar, hoy sí, soy algo más feliz. Pero, tú lo sabes, no siempre fue así. En su momento me ayudó estar donde tú estás para cambiar. Estar mal es el empujón que algunos necesitamos para reaccionar. Así que, por favor, aprovecha, saca fuerzas, coge impulso y ¡salta! Al aterrizar verás que la caída es más llevadera de lo que esperabas; de hecho comprobarás que estás en el mismo lugar. Solo que, amigo, ya no lo verás nunca más igual.

Me llama mi chica, me está esperando abajo con las botas puestas, hace un día espectacular para esquiar. Tienes que venir por aquí ya, antes de que se vaya la nieve. Te prometo huevos encapotados para cenar y un buen vino.

Mi despedida no es un adiós, sino un hasta luego, porque estoy seguro de que en breve nos vamos a encontrar. Te quiere y te espera,

Tu «Yo ideal del futuro».

UnLtd Spain[16]

UnLtd Spain es una aceleradora de empresas de impacto social que en la actualidad impulsa *start-ups* innovadoras en tres sectores clave: ciudades sostenibles, salud y agroalimentación.

---

16   https://www.unltdspain.org/

Algunos de sus resultados son:

- Más de 80 *start-ups* apoyadas en España
- 15.000 *start-ups* apoyadas a nivel global
- 230.000€ en capital-semilla en los tres últimos años en España
- Presencia en diez países en todo el mundo

UnLtd Spain cuenta con profesionales convencidos de que todos podemos hacer de este un mundo mejor. Su objetivo es identificar iniciativas empresariales con capacidad para cambiar el mundo e impulsarlas al éxito, dotándolas de las herramientas necesarias para alcanzar su solidez empresarial y así conseguir su misión: generar impacto social positivo. UnLtd Spain entiende a la empresa como un poderoso agente de cambio e impulsa la transformación social desde las organizaciones empresariales, sabiendo que deberían perseguir la rentabilidad social y económica a un tiempo.

En España nació en 2014 ante la necesidad de crear un ecosistema de emprendimiento social que facilite la creación y el desarrollo de empresas de impacto social. UnLtd Spain lo hace de la mano de corporaciones que buscan un cambio cultural y desde ahí promover la innovación y el impacto social dentro y fuera de sus organizaciones, desarrollando sus modelos desde enfoques de «valor compartido» donde las *start-ups* y los empleados de las corporaciones se contagian de habilidades, experiencias y conocimiento. El resultado de esta conexión genera una relación en la que todos ganan: empresa, emprendedor y sociedad.

ENTREVISTA A MANUEL LENCERO,

CEO y cofundador de UnLtd Spain

IAM **Manuel, contigo quiero hablar de cómo en ocasiones el éxito empresarial puede llegar a costa de sufrir un fracaso personal. Creo que este es un tema que a ti te toca especialmente, ¿estoy en lo cierto?**

ML Absolutamente.

IAM **Cuéntanos, por favor, por qué.**

ML Bueno, supongo que la idea fundamental tiene que ver con cómo me siento hoy en comparación a cómo me he sentido en otras ocasiones.

IAM **¿Cómo te sientes hoy?**

ML Feliz. Siento que estoy en mi camino y eso me hace feliz.

IAM **Lo dices muy convencido.**

ML Sí, y la verdad es que lo estoy. Ya sé que esto de la felicidad a mucha gente le suena «extraño» o a «cuento chino» pero, ¿sabes qué pasa?, que yo no siempre me he sentido así. Ahora aprecio y valoro la diferencia.

IAM **¿Qué tienes ahora que no tenías antes?**

ML Muy sencillo, un propósito o, dicho de forma más personal, ahora tengo la intención, que no es más que la determinación de la voluntad hacia un fin; esta definición no es mía, pero lo explica con mucha precisión.

IAM **¿Qué propósito, el de UnLtd Spain?**

ML   Sí y no, me explico. No, en el sentido de que el propósito va más allá de dónde te encuentres y con quién decidas hacer las cosas. El propósito, cuando lo encuentras te hace ver que estás bien porque sabes lo que tienes que hacer, es tuyo, te acompaña. Sí, en el sentido de que en UnLtd Spain para mí coinciden plenamente el propósito personal y la misión institucional.

IAM   ¿El propósito es como la vocación?

ML   En cierto modo sí. Es algo para lo que estás llamado, que está en tu naturaleza y que se va concretando en trabajos, proyectos, esfuerzos, colaboraciones... que acaban por dar sentido a tu día a día, y por extensión a tu vida.

IAM   ¿Cuál es tu propósito pues?

ML   Expresado de la forma más resumida posible, mi propósito es trascender, servir de ayuda para mejorar las cosas, ir más allá de los límites de uno mismo. Desde ahí me doy cuenta de que mi felicidad reside en generar felicidad a otros, que yo no soy lo más importante, sino lo que ocurre a través de mí.

IAM   Suena ideal, y entiendo que a través de UnLtd Spain has conseguido aterrizar ese ideal en algo tangible y concreto.

ML   UnLtd Spain me ha permitido conjuntar dos aspectos que son muy fuertes en mí: por un lado, la empresa, por otro, las personas. Hay un concepto con el que me siento muy identificado, que es el de las «empresas comprometidas».

IAM   ¿Puedes explicarte un poco más?

ML   Creo que es determinante redefinir el concepto de éxito empresarial; creo que el futuro debe arrojar otras contabilidades además de las económicas y animar a las empresas a ser los primeros agentes de cambio social y medioambiental. Las empresas deberían poner al ser humano y al planeta como eje vertebrador de toda su actividad, como consecuencia de un pensamiento más elevado y un mayor nivel de consciencia. Esa es la verdadera responsabilidad social de las compañías: contribuir a la preservación de nuestro planeta y, por ende, de nuestra propia especie.

Creo, además, que es fundamental hacer compatible el bien social con una gestión eficiente y profesional, que genere beneficios económicos que se puedan reinvertir en más desarrollo social. Creo que es posible y muy necesario que surjan más empresas con el doble objetivo de obtener ganancias y al mismo tiempo contribuir a un mundo mejor.

IAM   En esa línea trabaja tu organización, UnLtd Spain.

ML   Así es. UnLtd Spain es una fundación emprendedora. Aquí ayudamos a emprendedores a construir un mundo mejor desde iniciativas empresariales con propósito. Contribuimos a desarrollar una nueva clase de empresarios.

IAM   ¿Y qué hay de los demás empresarios?

ML   Ojo, aquí cabe todo el mundo, y todo el mundo aporta. Además, progresivamente un mayor número de empresas son conscientes de que pueden contribuir a la generación de beneficio para ellas incorporando el impacto social en sus modelos de negocio.

IAM **Echando la vista un poco atrás, esta vivencia personal no siempre ha sido así, ¿no?**

ML   Claro que no, para nada. Vengo de un pasado donde todo resultaba más confuso, contradictorio, y finalmente muy perjudicial para mí.

IAM **¿Qué había en ese pasado que tanto te perjudicaba?**

ML   Ahora, viéndolo con perspectiva, mucho condicionamiento social, mucha presión del entorno para que hiciera algo que no iba conmigo.

IAM **¿Puedes concretar un poco?**

ML   En primer lugar, yo soy hijo de un padre empresario, gran trabajador que entendía la empresa como un vehículo al servicio de la generación de riqueza. Ganar dinero era el propósito de todo empresario de aquella época, y por tanto el de su empresa. Yo me eduqué en ese contexto familiar. Además, en aquellos momentos, mediados de los 80, el éxito se entendía como ganar dinero, cuanto más mejor. La alternativa a ganar dinero era no ganarlo, y eso te convertía en un fracasado.

A los veinte años ya había montado mi primera empresa y al poco tiempo ganado mi primer millón de pesetas por aquel entonces. Me recuerdo obsesionado por la necesidad de generar resultados inmediatos, de crear algo que me reportara a corto plazo lo que quería.

Ahora compruebo que todo era una pose, o más bien la consecuencia de un estado febril de inconsciencia. Desde esa mentalidad, el dinero era el premio merecido a mi trabajo y mi talento. Tener era sinónimo de ser. En aquellos años, no mucha gente en mi mismo momento profesional se cuestionaba el sentido de su vida.

IAM **¿Y qué hizo que toda esta deriva cambiara? ¿Hubo algún punto de inflexión?**

ML Se dice que el cuerpo es sabio. Mi cuerpo sin duda fue más inteligente que yo y me empezó a lanzar señales de que por ahí las cosas no iban a funcionar. Con veintiún años sufrí mi primer ataque de ansiedad. No obstante, yo era más obstinado que mi cuerpo, o eso creía, y continué con los mismos parámetros de vida. No muchos años después me volví a ver en un hospital con un severo estado de pánico. Te aseguro que es algo muy desagradable estar tumbado en el sofá de tu casa y de repente sentir una gran incertidumbre, mareo, taquicardia, tener la sensación de que me moría. Recuerdo estar compartiendo sala de espera en el hospital con un «yonki» en pleno síndrome de abstinencia y yo con mi impecable aspecto de ejecutivo, otro «yonki». Nada tenía sentido en aquel instante. Todo era un profundo sentimiento de fracaso y decepción.

IAM **Caray, resulta impresionante escucharte, y sobre todo ver el contraste con lo que haces ahora.**

ML Ya supongo. Sucede que sin querer te vas construyendo un personaje y lo vas interpretando, en mi caso durante más de veinte años. Ese personaje habla de que el éxito empresarial es el éxito económico, puro y duro, y que eso se traduce al completo en éxito personal. En este sistema de creencias tan «simplón» y tan falso para mí yo era lo que tenía, era lo que ganaba, y la traducción tangible, medible e inmediata de eso era el dinero. Ya está, así de sencillo, así de limitado y de limitante.

IAM ¿Y cómo te diste cuenta de todo ello?

ML Cuando pierdes el miedo a conectar con tu verdadera naturaleza, tu yo auténtico, ese no te engaña.

IAM Ya, claro, pero eso de conectar con el yo auténtico, primero no debe ser fácil y, segundo, ¿cómo sabes que es el auténtico y no otro invento, otro personaje que te creas basado en otro sistema de creencias erróneo?

ML En mi caso resultó muy sencillo entender las señales que me decían que me estaba empezando a montar la vida, mi vida, mejor. ¿Qué señales? Sensación de que lo que hacía era coherente con lo que sentía, ser feliz con mi trabajo, sentir que merecía la pena el esfuerzo, la oportunidad de ver y compartir momentos con familia, amigos, personas muy interesantes que te encuentras en el camino... En definitiva, sensación de que tu conduces tu vida y no de que tu vida te conduce a ti.

IAM ¿Y cómo pasas de la decepción, la frustración y el miedo a la esperanza, el optimismo y la sana ambición?

ML En mi caso supongo que se lo debo a un viaje que hice a Nepal.

IAM Cuéntame ese viaje, por favor.

ML Antes de entrar en detalles y, a raíz de esta conversación que estamos manteniendo, me queda muy claro que todos y cada uno de nosotros tenemos nuestro propio «viaje a Nepal». El asunto es que nos llegue en el momento oportuno de nuestra vida y que lo sepamos aprovechar. Yo quiero pensar que tuve mucha suerte.

IAM   ¿Cómo surgió ese viaje?

ML   Corría el año 2004 y un buen amigo insistió en que me embarcase en un viaje a Nepal: «Manolo tío, vente con nosotros de expedición a los Himalayas; te gustará y te vendrá muy bien». Me pareció buena idea, preparé el petate y me embarqué en la expedición. Sentía la necesidad de cambiar de escenario, no tenía nada mejor que hacer, lo había dejado con mi novia y estaba hecho un asco; tampoco esperaba nada extraordinario del viaje, no esperaba nada extraordinario de mi vida en general.

Fuimos al Himalaya vía Katmandú, de allí a Lukla y para arriba. ¡Qué belleza de lugar y qué belleza de gentes!

IAM   ¿Qué es lo que más valoras de ese viaje?

ML   Sin duda el impacto que tuvo en mí, en mi forma de ver la vida. Descubrí que todo lo que tenía era excesivo, que el estado de confort, de consumo permanente y de apoyarme en tener era accesorio y no me hacía más feliz sino más esclavo. Recuerdo una reunión que tuvimos en el templo de Kopan, en una colina de Katmandú, con el Lama Lhundrup. A la pregunta de uno de mis amigos sobre cómo llevar más adecuadamente la vida profesional y la personal, él contestó que todo es cuestión de equilibrio, balancear todo de forma que ninguna de las partes desequilibre a la otra. Me vi muy reflejado.

IAM   ¿Has vuelto a ir a Nepal?

ML   Sí. El Himalaya se convirtió en un viaje obligado al año, me carga de energía y me ayuda a desprenderme de basura, me resetea el sistema.

IAM **¿Algo reseñable de alguno de estos viajes?**

ML   En 2006, después de una expedición de alta montaña tuve otro momento muy especial, cuando un amigo contribuyó a la felicidad de una niña nepalí.

Hicimos una expedición al Mera Peak en Nepal. Teníamos de líder de expedición a un sherpa, que por cierto hablaba por los codos; un tipo simpático que nos contaba cómo fueron sus primeras expediciones de joven y las noches al raso con una manta en mitad de los Himalayas. Nos hicimos amigos. Uno de los días nos confesó que estaba preocupado porque su hija quería cursar estudios y no podía costeárselo con el sueldo de guía de montaña (ganan unos 100 dólares por expedición y hacen tres o cuatro al año). Nos pidió ayuda y uno de mis amigos propuso tener una reunión con su hija en el hotel de Katmandú donde nos alojábamos para conocerla y valorar el posible apoyo.

Nos encontramos con una niña dulce, emocionada y muy sonriente. A la pregunta de cuánto costaba su escolarización, su padre nos respondió que 1000 dólares. «¿Por curso?», preguntamos. «No, todos los cursos». Mi amigo accedió a costearle sus estudios con la condición de que nos reportase sus avances.

En ese instante comprendí que hacer realidad el sueño de esa niña y de su padre de estudiar y mejorar sus vidas contribuía a mejorar su entorno también, por extensión su país, y ¿por qué no?, el planeta entero. Muy modestamente, pero así era.

Lo que recuerdo es que en el viaje de vuelta a Madrid no paramos de hablar de aquello. Mi amigo tenía la intención de montar una fundación y apoyar a comunidades desfavorecidas de Asia, ayudando a la educación de niñas como la hija de nuestro sherpa.

Mi amigo era un exitoso hombre de empresa y creo que en el fondo nos encontramos en un momento vital muy parecido.

En el avión de vuelta me encontré con la sonrisa de mi colega y con la mía propia. La satisfacción que nos había generado a los dos ese gesto era especial y nada comparable a algo anterior. Recuerdo sentir admiración y envidia sana por el proyecto de mi amigo, y por supuesto me ofrecí a ayudar en el desarrollo de la fundación, como no podía ser de otra manera.

IAM **Entiendo que de esa primera experiencia, que podemos llamar transformadora, surge en ti toda la inquietud que acaba por impulsar la creación y desarrollo de UnLtd Spain.**

ML Así es; supongo que ese es el origen.

IAM **Querido Manuel, después de este viaje que hemos hecho juntos en forma de conversación, ¿tienes algún mensaje final que quieras compartir?**

ML Humanizar las empresas pasa por humanizarse uno mismo; sentir y vivir plena y conscientemente quiénes somos y a lo que nos debemos. Traicionar nuestra auténtica naturaleza es el peor negocio que podemos hacer.

EPILOGO

Llegando al final de este viaje, creo que sería oportuno recordar cómo lo iniciamos. Fue una conversación con Manuel Lencero en la cafetería de su lugar de trabajo, en UnLtd Spain. Yo iba con la idea de conocerle, simplemente para establecer contacto, y acabamos hablando dos horas de cosas que nos apasionaban, y que nos siguen apasionando. Este trabajo es el resultado de esa conversación; una conversación ampliada a otros tantos, los protagonistas de este libro, que comparten esa misma pasión. ¿Qué tal si traemos imaginariamente a estos protagonistas aquí y ahora a nuestro lado? ¿Qué tal si recogemos las ideas que más nos han impactado de cada uno y de sus historias? Podemos seguir el orden de las entrevistas que tuvimos con ellos.

El primero fue Víctor Sánchez, de Sorbos. Recuerdo la energía y la pasión que transmitía a través del teléfono; era como si le tuviera al lado. Me comentó que estaba resfriado, incluso con trancazo, pero quién lo diría. A los diez minutos de charla el resfriado se le había olvidado. Víctor es un tipo que vive intensamente cada momento de su vida, es como si estuviera conectado permanentemente a lo que su destino le dicta que debe hacer. Cuando algo te apasiona, como a él, sueles encontrar a otras personas en el camino que se apasionan con lo mismo que tú. Ahí surge la conexión, la magia. La pasión es un motor fundamental. Sin pasión nuestra vida carece de sentido; no vivimos, duramos, como las pilas. Víctor además es alguien con una gran ambición, en el mejor sentido del término, que le lleva a pensar que lo suyo no es solo montar una empresa, sino impulsar un movimiento transformador a nivel mundial. Gente como él nos hace ver la importancia de tomar conciencia sobre los problemas que nos acucian como Humanidad. Son problemas que nos pueden sonar como lejanos, pero son muy cercanos, y están afectando ya a la vida de muchísimas personas. Estos problemas cobran una dimensión más dramática si pensamos en el futuro de las próximas generaciones, los queramos ver o no. La causalidad viene a veces disfrazada de casualidad. La coincidencia entre el descubrimiento de «las pajitas» y el movimiento mundial contra el plástico a lo mejor no fue tanta casualidad.

El siguiente entrevistado fue Antonio Espinosa de los Monteros, de Auara. Del encuentro con él me quedó muy clara la idea de que cualquier problema, por lejano que nos parezca, podemos hacerlo nuestro si tenemos la suficiente sensibilidad y compasión hacia aquellos que lo padecen y que no han sido tan afortunados como nosotros. Me pareció una persona con una enorme empatía. A través del ejemplo de personas como Antonio nos damos cuenta de que cualquier trabajo al servicio de los demás se convierte en una forma sencilla y maravillosa de hacer de este un mundo mejor. Si además pensamos en su organización, Auara, comprobamos que lo comercial no es incompatible con lo humano; todo se puede acompasar para mejorar el resultado final. Recuerdo que Antonio comentó los diferentes lugares del mundo en los que ha estado a lo largo de muchos años, dedicado a ayudar a los más desfavorecidos. Según él, en esos lugares se puede ver la miseria más absoluta conviviendo con la mayor felicidad. Seguramente el desarrollo espiritual y el desapego material tienen algo que ver con ello.

De lo hablado con Cristina Balbás y Fernando García-Lahiguera, de Escuelab, me quedaría con que educar a alguien es enseñarle a pensar por sí mismo. Recibir una buena educación amplía las oportunidades en la vida. Idealmente todos deberíamos tener las mismas oportunidades. No sabemos lo que una persona es capaz de ofrecer hasta que no le damos todas las posibilidades y herramientas para demostrarlo. Si cuidamos la educación, cuidamos otras cosas muy importantes que van con ella: la autoestima, la autonomía, el desarrollo personal y profesional, la creatividad, las habilidades interpersonales... Además, Cristina y Fernando son un ejemplo de lo importante que es en esta vida rodearnos de gente buena y que nos complemente. Todo es más duro y más limitado cuando estamos solos.

Alberto Palacios y Yolanda García, de Farmidable, demuestran que una economía justa respeta a todos los interlocutores que participan en el proceso productivo. Finalmente, todos en conjunto acaban ganando más. El producto local y de temporada es más saludable, sabroso y ecológico. Lo local se me hace más cercano y humano. Además, el consumo de producto local se basa más en la calidad que en la cantidad, y en ese sentido es imbatible. Recuerdo la importancia que daba Alberto a la honestidad y a la transparencia como valores personales e institucionales que ayudan a establecer relaciones de confianza y a largo plazo. Trabajar en lo que uno cree tiene su coste pero a la larga sale muy rentable.

De Salva Gutiérrez y MJN-Neuroserveis yo destacaría que son una clara evidencia de que desarrollo tecnológico, humano y social pueden y deben ir de la mano. Salva y sus socios son gente con una voluntad de hierro. Su falta de experiencia y conocimiento a la hora de iniciar su proyecto la han compensado con enormes dosis de motivación y esfuerzo. Salva resaltaba la importancia de ser honesto con uno mismo y de tener la constante validación del exterior como piezas clave en el éxito de cualquier proyecto. A eso añadía que no basta con tener una buena idea y desarrollarla técnicamente; además hay que saber comunicarla para que los demás la vean tan atractiva como tú la ves. Según él es fundamental tener un relato personal potente, auténtico y consecuente. Además hay que tener en cuenta que ellos tratan con personas enfermas, gente que se sabe vulnerable y que se asocia y acompaña por otros en similares circunstancias para así ser más fuertes. La potencia del relato, la consistencia del mensaje y la coherencia de quienes lo difunden son fundamentales.

Con Eduardo Jorgensen, de Medicsen, hablamos de cómo la enfermedad puede limitar no solo en lo físico, sino también en lo mental y emocional. De puertas adentro, la gente sufre y padece grandes limitaciones de lo que podríamos llamar una «vida normal». Ayudar a muchas personas a sobrellevar una enfermedad como la diabetes es un gran servicio. Eduardo es un tipo muy interesante y muy inquieto. Su cabeza no para de trabajar, y su corazón igual. Recuerdo como reflexionamos con él acerca de que razón y emoción van juntas; si intentamos separarlas, renunciamos a una parte esencial de nosotros mismos. Las cosas se pueden y deben analizar, pero también hay que sentirlas. Qué importante es, en esta vida tan agitada y tan ocupada que llevamos, de vez en cuando fluir, dejarse llevar, no nadar siempre contra corriente; por ahí dejamos entrar nuevas vivencias, nuevas personas que nos enriquecen. Qué bueno es en ocasiones parar y hacerse algunas preguntas: ¿Para qué hago lo que hago? ¿Al servicio de quién lo estoy haciendo? Estas son preguntas clarificadoras. Está demostrado que servir a los demás aporta felicidad. Solucionar problemas está muy bien; solo tenemos que encontrar un problema que nos motive lo suficiente solucionar.

La última entrevista fue con Vicky Tortosa, de La Exclusiva. Con ella me viene la idea de que nuestros mayores son un espejo en el que mirarnos, pues representan aquello en lo que nos vamos a convertir. Cuidar a nuestros mayores es cuidarnos a nosotros mismos, es cuidarnos como sociedad. La Exclusiva es un buen ejemplo de un maravilloso intercambio: nuestros mayores necesitan nuestra energía y vitalidad, nosotros su experiencia y sabiduría. Y, además, a través de esa relación preservamos el campo, la tradición, la cultura, la riqueza y la diversidad. Abandonar lo rural nos empobrece y nos limita. Es curioso, porque la organización de Vicky tiene como prioridad hacer lo posible para que la gente no se vea obligada a abandonar sus hogares, su tierra, sus raíces; y es a través de su organización que ella ha encontrado su lugar en el mundo. Ese lugar, su hogar, le da paz, la llena de energía, y sobre todo da sentido a su vida. Ese lugar, a menudo está mucho más cerca de lo que creemos. Puede ser el lugar de siempre, de toda la vida, pero mirándolo con otros ojos.

De alguna manera, creo que es lo mismo que Manuel Lencero ha experimentado con su proyecto. UnLtd Spain es para él la demostración de que los límites a menudo nos los ponemos nosotros, y por tanto somos nosotros los que nos los podemos quitar. A través de este proyecto, Manuel ha contribuido a hacer realidad los sueños de otros, y eso en sí mismo ha sido un sueño hecho realidad para él. En el ideario de Manuel, las empresas deberían ser ante todo ámbitos de desarrollo humano. La viabilidad económica es un requisito fundamental, pero habría que tratar de ir más allá. El éxito de una empresa y de un empresario no debe medirse exclusivamente conforme a parámetros económicos. Hay que tener claros cuáles son los fines y cuáles los medios. Las empresas y empresarios que colaboran con UnLtd Spain tienen un propósito elevado. El propósito es la respuesta que nos damos ante la pregunta «¿para qué?». Las personas y los proyectos con propósito elevado se elevan y nos elevan al contacto con ellos. Al igual que pasa con los demás personajes de este libro, parece como que Manuel y su proyecto se mimetizan, son uno. UnLtd Spain representa el encuentro de Manuel consigo mismo, con su yo real y auténtico. Ese encuentro vino precedido de una crisis personal, a la que a su vez le anteceden toda una serie de desencuentros acumulados. Entonces llegó su «viaje a Nepal» y a partir de ahí todo cambió. Todos deberíamos tener en algún momento de nuestra vida nuestro propio «viaje a Nepal». En él tienes un solo acompañante con el que merece la pena intimar: tú mismo. A partir de ahí, ¿qué queda? Trascender, como motivación superior que saca lo mejor de nosotros y de los demás. La mejor manera de trascender es servir. Cuando sirves dejas un legado que te trasciende.

AGRADECIMIENTOS

Agradecer es un ejercicio que reconforta, sobre todo al que agradece porque le hace consciente de la suerte que ha tenido. Agradecer es reverdecer apoyos y complicidades, manos tendidas y desinteresadas que se juntaron con las de uno para hacerle mucho más fuerte. Agradecer es reconocer que solos no somos nada, que juntos lo podemos todo. Agradecer es recordar que, por unos instantes, sus caminos y el tuyo se cruzaron para bien. Agradecer es de biennacidos porque uno nace para compartir, darse y recibir. Así que ahí van mis agradecimientos:

A Manuel Lencero, con su UnLtd Spain, por ser el iniciador e inspirador, acompañante y cómplice de esta idea llamada libro.

A Marta Prieto Asirón y su editorial Kolima, por ser alguien que desde el primer momento en que la conocí me ofreció una sonrisa acogedora, unas palabras de refuerzo, una conversación interesante, mucho criterio profesional y una gran generosidad.

A cada uno de los personajes de este libro, emprendedores sociales, expertos en compartir desinteresadamente su pasión y energía, su experiencia y conocimientos, sus convicciones y vaivenes emocionales, sus proyectos profesionales y vitales. Son gente que se gana la vida haciendo cosas buenas para los demás. Hablar con ellos cargaba mis pilas de energía positiva para una buena temporada.

Al IE Business School, organización para la que trabajo hace ya 17 años, siempre bajo el mismo manto de libertad y seguridad, combinación mágica tan difícil de encontrar.

Finalmente a Marga, Ignacio y Pedro, porque siempre están ahí, acompañando y apoyándome incondicionalmente.

KOLIMA
BOOKS